한국직업능력개발원 등록(제2010-345호)자격

와인소믈리에

검정주관 : 한국능력교육개발원

감수자 서한정

편저자 김준철 · 문승환
전인호

와인소믈리에 자격시험대비

핵심요약
적중예상문제

도서출판 한수

감수의 말씀

　제가 국내 1호 와인 소믈리에로 일한지 40여년이 지났습니다.
　제가 와인을 접할 당시만 하더라도 호텔과 관광업소에서 '외국인을 위한 면세품'으로만 판매하던 것이 지금은 국내 많은 대학의 호텔 또는 관광, 외식, 식음료 관련 학과나 전공이 생겨나고, 소믈리에 교육을 기초과정으로 하여 학생들을 길러내고 있을 정도입니다.
　이제는 와인에 대하여 생업이나 취미를 통하여 무르익은 애호정도를 가늠해 본다면 '와인이 우리 사회문화 저변에 널리 뿌리내리고 있다.'고 하겠습니다.
특히 금년 7월 1일부터 발효된 한·EU FTA의 협정으로 양질의 와인이 저렴하게 국내시장에 들어오면서 와인시장의 규모와 학습 열기 또한 예전과 다른 흐름이 생겨나고 있습니다.
(사)한국능력교육개발원에서 시행하는 와인소믈리에 자격은 국가기관에 등록된 자격입니다. 앞으로 더욱 검정체계를 다듬어 공인자격으로 나아갈 준비를 착실히 하고 있음을 지켜보고 있습니다.
대학이나 학원에서 사용되는 와인관련 교재들은 많이 있지만, 이 책은 와인소믈리에 자격검정대비용으로 편찬되어 핵심적인 이론의 정리와 그에 따른 문제가 어우러져 수검자의 학습효과 뿐만 아니라 가르치는 입장에서도 도움이 될 것입니다.
저는 와인이란 기다림의 文化라고 정의합니다. 오랜 제조과정이 있고, 서구의 역사속에 연륜을 쌓아온 포도주에 대한 제 나름의 견해입니다. 생활속에서 여유를 갖고 우리나라 만의 와인문화를 만들어 내는데 일조하는 새로운 와인소믈리에의 탄생을 기다립니다.

2011년 여름
서 한 정

 머리말

　현대사회는 음료의 전문화 시대로 직업도 전문적인 분야로 세분화되고 있습니다. 21세기부터 우리 생활에 다가온 와인도 하나의 식문화로 자리를 잡았고, 와인 동호회 모임 등의 활성화, 와인 전문 바(Bar)의 출현, 와인 교육기관의 증가와 전문화 등으로 와인에 대한 관심도가 높아지고 있습니다. 특히, 와인을 전문적으로 다루는 '소믈리에' 및 '와인 어드바이저'라는 직업의 등장으로, 와인은 우리의 일상생활에 보편적인 음료로 자리를 잡게 되었습니다.

　이에 따라, 와인 관련 업종에 종사하는 전문 인력의 수요가 급증하면서, 체계적인 교육을 통하여 일정한 자질을 갖춘 인력이 절실하게 요구되고 있습니다. 그 동안 수많은 교육기관을 거쳐서 많은 전문 인력이 배출되었고, 국내외 소믈리에 대회, 자격시험 등이 시행되었지만, 이들에 대한 뚜렷한 안내나 지도가 없었던 것이 현실입니다.

　소믈리에는 와인 저장실(Cellar)과 레스토랑 일을 맡아보고, 모든 음료수에 대해서 책임을 지고 있는 사람입니다. 그러므로 레스토랑의 모든 와인에 대해서 알고 있어야 하며, 손님의 취향을 파악하고 손님의 즐거운 식사를 위해서 돕는 일이 우선이라는 점을 인식하고 있어야 합니다. 그러기 위해서는 와인리스트의 작성, 와인의 구입, 셀라의 관리 및 기타 비품을 관리해야 합니다. 더 나아가 서비스맨으로서 인격을 갖추고, 기획과 경영능력까지 겸비해야 합니다. 그리고 와인 어드바이저는 직접 손님에게 서비스를 하지는 않지만, 와인을 선정하여 수입하고, 판매하는 등 와인과 직접 관련이 있는 직업에 종사하는 사람으로 폭넓은 와인지식을 갖추고 있어야 합니다.

　이제는 와인의 대중화와 건전한 음주문화를 조성하기 위해서 자격증 제도를 통해 보다 검증된 전문 인력 배출을 배출할 시점입니다. 이렇게 일정 자격을 갖춘 인재의 요구가 급증함에 따라, 국내외 소믈리에 자격시험을 대비하기 위한 기초적인 틀을 정립하여, 향후 보다 더 전문적인 지식을 평가할 수 있는 지침서를 마련하고자 본 기본서를 출판하게 되었습니다. 본 서는 와인학 개론, 와인서비스, 와인용어, 주류학 개론으로 구성하였으며, 문제위주의 구성에 해설부문을 첨가하여 좀 더 이해를 돕기 위해 편찬하였습니다.

　앞으로 독자 여러분들의 많은 질책과 조언을 간과하지 않고, 본서가 좀 더 발전할 수 있도록 노력을 다하도록 하겠습니다. 본서가 출판되기까지 사장님 이하 조언과 감수를 아끼지 않으신 음료자격검정원 와인분과위원회 위원님들과 여러 교수님들께 진심으로 감사드립니다.

2011. 4
저자 씀

차례

Chapter 1

와인학 개론

Wine Sommelier

제1절 와인의 개요

1. 와인의 종류

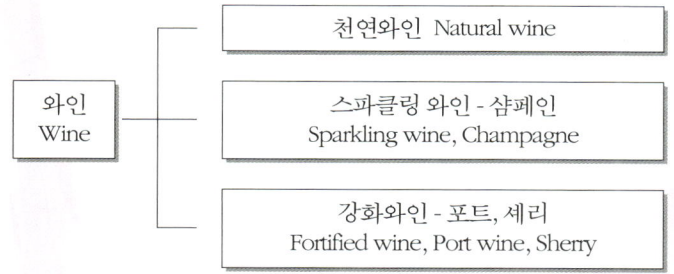

(1) 레드와인과 화이트와인

레드와인은 붉은 포도로, 화이트와인은 청포도로 양조하며, 중간 색깔인 로제(Rosé)는 붉은 포도로 만들기는 하지만 껍질에 있는 색소가 덜 우러나 오게 만든 것으로, 식사 때는 별로 마시지 않고 피크닉이나 특별한 분위기를 연출할 경우에 준비한다.

(2) 스파클링 와인(Sparkling wine)

발포성 와인이라고 하는데, 스파클링 와인의 대표적인 것이 샴페인이다. 샴페인은 샴페인 지역에서 나온 스파클링 와인만을 말하며, 완성된 와인을 다시 발효시켜 탄산가스가 가득차게 만든 것이다.

(3) 알코올 도수가 높은 디저트와인

완성된 와인이나 발효 중인 와인에 알코올을 혼합하여 만든 것을 강화와인이라 하며, 영어로는 포티파이드와인(Fortified wine) 또는 디저트와인(Dessert wine)이라고 한다. 예를 들면, 포르투갈의 포트(Port)는 식후에 많이 사용되며, 스페인의 셰리(Sherry)는 식전, 즉 아페리티프(Apéritif)로서 많이 사용된다.

2. 와인의 타입

(1) 드라이 와인(Dry wine)

단맛이 없는 와인

(2) 스위트 와인(Sweet wine)

단맛이 나는 와인

(3) 영 와인(Young wine)

갓 담근 와인

(4) 올드 와인(Old wine)

오래된 와인

(5) 라이트 와인(Light wine)

부담이 없고 신선한 맛을 내는 와인

(6) 헤비 와인(Heavy wine)

알코올 농도도 높고 텁텁한 맛을 내는 와인

3. 와인의 품질을 결정짓는 요소

(1) 포도의 종류

좋은 포도의 선택은 와인의 품질을 결정

(2) 포도의 생산지

기후와 토양에 따라서 포도의 품질이 결정

(3) 포도 생산년도

그 해의 모든 일기조건이 결정적으로 포도품질을 좌우

 빈티지(Vintage) : 포도의 수확을 의미하기도 하고, 또 포도의 생산년도를 가리키는 말. 일조량이 풍부하고 강우량이 비교적 적어야 '풍년(Great vintage)'이라고 하며, 이 해 는 포도의 당도가 높고 신맛이 적으며 색깔이 짙어지고, 대신 수확량은 적어짐.

(4) 와인 제조기술

와인을 만드는 과정은 지식과 경험이 필요

적중예상문제

01. 다음 중 각 나라별 와인 명칭이 잘못 짝지어진 것은?

① 프랑스 - 뱅(Vin)　　　　　② 이탈리아 - 비노(Vino)

③ 스페인 - 비노(Vino)　　　　④ 독일 - 바이스(Weiss)

🍇해설 독일은 바인(Wein)이라고 한다.

02. 세계 와인 생산량은?

① 100억 ~ 200억 병　　　　② 300억 ~ 400억 병

③ 500억 ~ 600억 병　　　　④ 800억 ~ 900억 병

03. 다음 중 국가별 와인 생산량이 많은 순서로 알맞은 것은?

① 프랑스/이탈리아 - 칠레 - 스페인 - 미국 - 오스트레일리아

② 프랑스/이탈리아 - 스페인 - 미국 - 아르헨티나 - 오스트레일리아

③ 프랑스/이탈리아 - 칠레 - 오스트레일리아 - 미국 - 아르헨티나

④ 프랑스/이탈리아 - 미국 - 오스트레일리아 - 스페인 - 칠레

04. 와인의 역사적 시작은 언제부터인가?

① 기원전 1,000년경　　　　② 기원전 2,000년경

③ 기원전 3,000년경　　　　④ 기원전 4,000년경

🍇해설 기원전 4,000년경 전에 시작

05. 함무라비 법전에 와인에 대한 규정이 성문화된 시기는?

① B.C. 1,000년경　　　　② B.C. 1,200년경

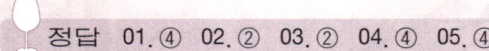 정답　01. ④　02. ②　03. ②　04. ④　05. ④

③ B.C. 1,500년경   ④ B.C. 1,700년경

🍷해설 B.C. 1,700년경 바빌론의 함무라비 법전에 와인을 만드는 규정이 성문화되어 있다.

06. 그리스 신화에서 나오는 술의 신으로 인류에게 최초로 와인 담그는 법을 가르쳐 준 신의 이름은?

① 바쿠스   ② 디오니소스

③ 이시스   ④ 오리시스

07. 와인은 "신이 인간에게 준 최고의 선물" 이라고 주장한 사람은 누구인가?

① 플라톤   ② 디오니소스

③ 동 페리뇽   ④ 제우스

08. 의학의 아버지라고 하며, "알맞은 시간에 적당한 양의 와인을 섭취하면 질병 예방과 건강을 유지할 수 있다." 라고 한 사람은 누구인가?

① 히포크라테스   ② 플라톤

③ 디오니소스   ④ 아리스토텔레스

09. 다음 와인 역사적 사건 중에서 가장 최근에 일어난 것은?

① 수도승의 활약   ② 유리병에 코르크 사용

③ 필록세라 전파   ④ 오크통 사용

10. 다음 중 레드와인 품종이 아닌 것은?

① 카베르네 소비뇽(Cabernet Sauvignon)

② 피노 누아(Pinot Noir)

③ 소비뇽 블랑(Sauvignon Blanc)

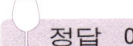 정답   06. ②   07. ①   08. ①   09. ③   10. ③

④ 템프라니요(Tempranillo)

해설 소비뇽 블랑(Sauvignon Blanc)은 화이트와인 품종이다.

11. 다음 중 화이트와인 품종이 아닌 것은?

① 진판델(Zinfandel)

② 샤르도네(Chardonnay)

③ 뮈스카(Muscat)

④ 세미용(Sémillon)

해설 진판델(Zinfandel)은 레드와인 품종이다.

12. 다음 중 와인의 식사코스에 의한 분류가 아닌 것은?

① 테이블 와인(Table wine)

② 아페리티프(Apéritif)

③ 스파클링 와인(Sparkling wine)

④ 디저트 와인(Dessert wine)

13. 다음 중 맛에 따라 와인을 분류한 것은?

① Fortified Wine   ② Apéritif Wine

③ Medium Dry Wine   ④ Aromatized Wine

14. 스틸 와인(Still wine)이란 어떤 와인을 뜻하는가?

① 아직 발효 중인 와인

② 스파클링 와인이 아닌 와인

③ 알코올을 첨가한 와인

④ 증류한 와인

정답 11. ① 12. ③ 13. ③ 14. ②

15. 각 나라별로 스파클링 와인을 뜻하는 용어가 다르다. 다음 중 나라와 스파클링 와인의 명칭이 잘못 짝지어진 것은?

① 프랑스 - 무쉐(Mousseux)

② 독일 - 샤움바인(Schaumwein)

③ 이탈리아 - 스푸만테(Spumante)

④ 스페인 - 프리찬테(Frizzante)

해설 스페인은 에스푸모소(Espumoso)

제2절 포도 재배

1. 테루아르(Terroir)

단위 포도밭의 특성을 결정짓는 제반 자연환경, 즉 토양, 지형, 기후 등의 제반 요소의 상호 작용을 말한다.

2. 기후의 분류

(1) 대기후(Macro-climate)

지구상의 넓은 지역 또는 거대한 공간에 대하여 파악한 대기의 평균적 상태로서 열대, 온대, 한대, 건조기후 등으로 분류한다.

(2) 중기후(Meso-climate)

대기후와 소기후 중간 스케일의 기후로 1km²부터 200~300km²에 속한 기후대를 말한다. 해당 포도밭이 속한 지역의 기후라고 할 수 있다.

(3) 소기후(Local-climate)

수평적 범위에서 약 10km², 수직적으로 약 1km 범위 내에 나타나는 기후 현상을 말한다.

(4) 미기후(Micro-climate)

지구 표면의 아주 가까운 범위 내에 있는 기후로 식물기후라고도 한다. 보통 지면에서 1.5m 정도까지를 대상으로 한다. 지형이나 식물, 토양 등의 영향을 강하게 받으며, 농작물의 생육과 밀접한 관계가 있다. 해당 포도밭 혹은 포도나무의 기후라고 할 수 있다.

3. 기온(Air temperature)

포도는 영하 20℃에서 영상 40℃까지의 온도에서 생육할 수 있지만, 연평균 기온 10~20℃(10~16℃ 최적)가 적합하다.

 적산온도 : 4월부터 10월까지 일 평균 50℉(10℃) 이상인 온도를 합한 수치를 분류한 것으로 적산온도 2,500~3,000이 고급 와인용 포도재배에 적당하다.

(1) Ⅰ지역

2,500(섭씨 1,389) 이하. 추운 지역으로 청포도나 적포도인 피노 누아 정도 재배. 북부 유럽 수준

(2) Ⅱ지역

2,501~3,000(섭씨 1,390~1,667). 프랑스 보르도 수준. 고급 레드 및 화이트 와인 생산

(3) Ⅲ지역

3,001~3,500(섭씨 1,668~1,944). 프랑스 론 지역 수준. 묵직한 레드와인과 빈약한 화이트와인 생산

(4) IV지역

3,501~4,000(섭씨 1,945~2,222). 디저트와인 즉, 강화와인에 적합

(5) V지역

4,001(섭씨 2,223) 이상. 사실상 와인용은 재배불가, 건포도, 식용 포도 생산

4. 일조(Sunshine)

식물은 잎의 기공에서 흡수한 탄산가스와 뿌리에서 흡수한 물을 태양 에너지를 이용하여 당을 합성하는데, 이 과정을 '광합성'이라고 한다. 그러므로 태양열이 많을수록 광합성이 증가하여 당분 생성량이 증가한다.

5. 강수량(Amount of precipitation)

강수량은 비, 눈, 우박, 이슬, 안개 따위가 일정한 기간 동안 일정한 곳에 내린 물의 양(높이)으로 단위는 mm로 표시한 것으로, 와인용 포도재배에는 연간 500~800mm가 적당하다.

6. 토양(Soil)

토질, 관개, 배수를 묶어서 판단하며, 고급 포도밭은 토양이 그다지 비옥하지 않고 배수가 잘 되는 토양이 좋다. 토양의 성질은 토양 모재(무슨 암석으로 되어 있는가?), 토양의 입도(점토, 모래, 자갈 중 어느 것인가?), 지층 구조(배수가 잘 되고 뿌리가 깊이 뻗을 수 있는가?) 등으로 판단한다.

(1) 모래땅

열매는 잘 열리나 수량이 적고, 생식용은 좋지만, 와인용은 부적합

(2) 질흙

숙기가 늦으며 병해의 발생이 쉽고, 과실의 품질이 좋지 않지만 석회를 많이 함유하는 모래질 질흙(사질식토)에서는 품질 좋은 와인 생산됨

(3) 참흙

포도나무는 잘 생육하나 자칫하면 웃자라고, 수량은 떨어지지 않으나 향기가 나빠짐

(4) 자갈땅

배수가 양호하고, 열의 복사작용이 커서 포도나무 재배에 이상적

7. 수형(Trellis system)

(1) 평덕(Overhead = Pergola)

다습한 지역에서 사용하는 수형으로 한국, 일본 등에서 등나무 식으로 재배하는 방법

(2) 기요(Guyot)

와인용 포도의 일반적인 방법으로 유럽, 캘리포니아의 경사지나 평지에서 사용

(3) 모젤(Mosel)

급경사지인 곳에서 사용하는 방법으로 독일의 모젤 지역에서 사용

(4) 고블렛(Goblet) 혹은 부시(Bush)

성장을 억제할 필요가 없는 품종에 적용하는 것으로 보졸레, 코트 뒤 론 및 지중해 연안에서 사용

8. 필록세라(Phylloxera vastatrix)

진딧물의 일종으로 포도 뿌리를 갉아서 해를 주는 몸길이 1mm 내외의 난형 벌레로서, 원래 미국 동부지역의 포도에 기생하는 해충이다. 1850년대 말 미국에서 보르도 지역으로 보낸 연구용 묘목에 붙어서 유럽에 전파되어, 순식간에 저항력이 없는 유럽종 포도를 황폐화시켰다. 그러나 미국종 포도는 이 벌레에 저항력이 있어서, 미국종 대목에 유럽종 가지를 접붙여서 필록세라 문제를 해결하였다.

9. 레드와인용 품종

(1) 카베르네 소비뇽(Cabernet Sauvignon)

레드와인의 교과서라고 할만큼 프랑스 보르도를 비롯한 와인 명산지에서 많이 재배되는 품종으로, 요즈음은 이탈리아, 스페인, 캘리포니아에서도 최고의 레드와인으로 부상하고 있다.

(2) 메를로(Merlot)

색깔이 좋고 부드럽고 원만한 맛을 내기 때문에 옛날부터 카베르네 소비뇽에 블렌딩하는 품종으로 사용되었는데, 요즈음에 단일 품종으로 많이 사용되면서 급격하게 재배면적이 증가하고 있다.

(3) 피노 누아(Pinot Noir)

프랑스 부르고뉴 지역에서 재배되는 품종으로 부드러운 맛에 복합적인 향이 깃든 고급와인으로 옛날부터 프랑스 명사들이 극찬했던 품종이지만, 재배조건이 까다롭기 때문에 언제 어디서나 좋은 와인을 만들지는 않는다.

(4) 시라(Syrah)

프랑스 론의 북부 지역에서 주로 재배하는 품종으로 색깔이 진하고 타닌이 많아서 숙성이 늦고 오래 보관할 수 있는 묵직한 남성적인 와인을 만들며, 요즈음은 오스트레일리아에서도 좋은 와인을 많이 만든다.

10. 화이트와인용 품종

(1) 샤르도네(Chardonnay)

세계 화이트와인의 대표적인 품종으로 중성의 향과 맛을 가지고 있어서 만드는 방법에 따라 여러 가지 타입이 나올 수 있으며, 거의 달지않은 드라이 타입으로 장기 숙성이 가능하다. 프랑스 샤블리를 비롯한 부르고뉴 지역 화이트와인의 대표적인 품종이며, 샴페인, 캘리포니아를 비롯한 신세계에서도 많이 재배한다.

(2) 소비뇽 블랑(Sauvignon Blanc)

산뜻한 향미가 특색이며, 프랑스 보르도의 그라브와 소테른, 그리고 루아

르 지역에서 많이 사용되는 품종이지만, 요즈음은 뉴질랜드의 것이 세계적으로 많이 알려지고 있다.

(3) 리슬링(Riesling)

독일을 대표하는 품종으로 라인과 모젤 지역 그리고 프랑스의 알자스 등 비교적 시원한 지역에서 생산되는 화이트와인의 대표적인 품종이다.

(4) 세미용(Sémillon)

프랑스 보르도와 남서부 지역에서 주로 재배되며 다른 품종 특히 소비뇽 블랑과 블렌딩하는데 많이 사용된다. 세계 최고의 스위트 와인으로 소테른의 보트리티스 시네레아(Botrytis cinerea) 곰팡이 영향을 받은 와인을 만드는데도 사용된다.

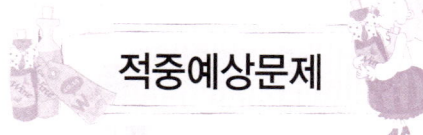

적중예상문제

01. 포도밭의 테루아르(Terroir)란?

① 기후로서 일조량, 온도 및 강수량 등을 말한다.

② 지형으로서 고도, 경사, 방향 등을 말한다.

③ 토양의 물리적 화학적 성질을 말한다.

④ 위의 ①, ②, ③ 모두를 말한다.

02. 강이나 호수 주변에 있는 포도밭의 좋은 점은?

① 햇볕의 반사효과를 볼 수 있다.

② 물이 풍부하여 가뭄 피해가 없다.

③ 급격한 온도변화를 일으켜 좋은 포도가 열린다.

④ 습도가 높아서 병충해가 예방된다.

03. 와인의 맛에 영향을 미치는 자연적 요인이 아닌 것은?

① 관수   ② 토양

③ 일조량   ④ 강수량

해설 와인의 맛은 토질, 기온, 강수량, 일조 시간 등 자연적 조건 및 포도생산자와 양조자의 재배 방법과 양조법에 따라 달라진다.

04. 포도재배에서 '미기후(Micro climate)'에 대한 설명으로 올바른 것은?

① 최첨단 계측기를 사용하여 관찰하여 기록한 미세한 기후

② 보통 지면에서 위로 1.5m까지의 기후로서 해당 포도밭이나 포도나무의 기후

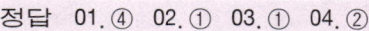

정답   01. ④   02. ①   03. ①   04. ②

Chapter 1

③ 뿌리가 내려갈 수 있는 지하 5m까지 토양의 온도와 습도
④ 토양 미생물 생육에 알맞은 조건의 기후

05. 포도나무 성장에 적합한 연평균 기온은?

① 5~10℃   ② 10~16℃

③ 20~25℃   ④ 26~30℃

06. 와인용 포도 주산지의 연강우량으로 가장 적당한 것은?

① 100~200mm   ② 500~800mm

③ 1,000~1,200mm   ④ 1,300~1,500mm

🍇**해설** 와인용 포도 주산지의 연강우량 : 850mm이하

07. 포도나무의 뿌리가 가장 깊이 내려갈 수 있는 토양은?

① 자갈이 많은 토양   ② 점토가 많은 토양

③ 기름진 밭 토양   ④ 수분이 많은 토양

08. 경사진 포도밭이 좋은 이유는?

① 여러 가지 작업을 편하게 할 수 있다.

② 배수가 잘 된다.

③ 나무가 잘 자라므로 지주를 설치할 필요가 없다.

④ 해갈이 없이 해마다 균일한 생산이 가능하다.

09. 급경사지에서 일반적으로 사용하는 포도나무 수형은?

① 평덕   ② 기요

③ 모젤   ④ 고블렛

🍷 정답 05. ② 06. ② 07. ① 08. ② 09. ③

10. 가지치기(Pruning)에 가장 적합한 시기는?

　① 봄　　　　　　　　　　　② 여름

　③ 가을　　　　　　　　　　④ 겨울

11. 남아메리카의 정상적인 포도 수확 시기는?

　① 3~4월　　　　　　　　　② 8~9월

　③ 9~10월　　　　　　　　　④ 10~11월

12. 다음 중 포도의 생육기간에 하지 않는 작업은?

　① 열매솎기　　　　　　　　② 순지르기

　③ 가지치기　　　　　　　　④ 제초작업

13. 포도를 수확할 때 수확기계를 이용할 경우 좋은 점이 아닌 것은?

　① 적절한 수확기를 놓치지 않고 일시에 수확할 수 있다.

　② 포도를 자동으로 선별할 수 있다.

　③ 노동력이 절감된다.

　④ 24시간 가동할 수 있다.

14. 추운 겨울의 서리와 눈으로 포도가 얼면 (　) 와인으로 수확되는데, 독일 등
북유럽과 캐나다에서 생산된다. 다음 중 (　)안에 들어갈 알맞은 것은?

　① 베리　　　　　　　　　　② 열매

　③ 아이스　　　　　　　　　④ 콜드

15. 와인 역사의 암흑기를 가지고 온 필록세라(Phylloxera vastatrix)가 유럽에 발
생한 연대는?

🍷 정답　10. ④　11. ①　12. ③　13. ②　14. ③　15. ③

① 1820년대   ② 1840년대

③ 1860년대   ④ 1880년대

16. 필록세라(Phylloxera vastatrix)의 원산지는?

① 프랑스   ② 미국

③ 그리스   ④ 남미

17. 필록세라(Phylloxera vastatrix)가 포도나무를 공격하는 주요 대상 부분은?

① 잎   ② 줄기

③ 뿌리   ④ 열매

18. 필록세라(Phylloxera vastatrix) 해결에 결정적인 공로를 세운 사건은?

① 농약 개발   ② 접붙이기

③ 돌연변이   ④ 유전자 조합

19. ( ) 중엽 미국에서 들어온 필록세라 발생으로 유럽의 포도재배는 위기를 맞기도 했지만, 그 후 필록세라 저항성 대목이 육성되었다. 다음 중 ( )안에 들어갈 알맞은 것은?

① 16세기   ② 17세기

③ 18세기   ④ 19세기

> **해설** 19세기 중엽 미국에서 들어온 필록세라의 전파로 유럽의 포도재배는 위기를 맞기도 했지만, 그 후 필록세라 저항성 대목이 육성되었다.

20. 레드와인의 교과서라고 일컬을 만큼 프랑스를 비롯한 와인 명산지에서 많이 재배되는 품종으로 보르도(Bordeaux) 지역의 대표적인 품종이지만, 요즈음은 이탈리아, 스페인 등에서도 전통적인 고유의 품종에서 이것으로 대체하고 있으며 캘리포니아에서도 최고의 레드와인을 만드는 품종은?

정답 16. ② 17. ③ 18. ② 19. ④ 20. ①

① 카베르네 소비뇽(Cabernet Sauvignon)

② 메를로(Merlot)

③ 피노 누아(Pinot Noir)

④ 시라(Syrah)

21. 색깔이 좋고 부드럽고 원만한 맛을 내기 때문에 유럽에서는 옛날부터 카베르네 소비뇽(Cabernet Sauvignon)에 블렌딩하는 품종으로 사용되었는데, 요즈음에 단일 품종으로 많이 사용되면서 급격하게 재배면적이 증가하고 있는 품종은?

① 가메(Gamay)　　　　　② 메를로(Merlot)

③ 피노 누아(Pinot Noir)　　④ 시라(Syrah)

22. 프랑스 부르고뉴(Bourgogne) 지역에서 재배되는 품종으로, 부드러운 맛에 복합적인 향이 깃든 고급와인으로 비교적 서늘한 곳에서 잘 자라지만, 재배조건이 까다롭기 때문에 언제 어디서나 좋은 와인을 만들지는 않아서, 가장 골치 아픈 품종이라고 일컫는 품종은?

① 카베르네 소비뇽(Cabernet Sauvignon)

② 메를로(Merlot)

③ 피노 누아(Pinot Noir)

④ 시라(Syrah)

23. 프랑스 론(Rhône)을 비롯한 남동부 지역에서 주로 재배하는 품종으로, 색깔이 진하고 타닌이 많아서 숙성이 늦고 오래 보관할 수 있는 묵직한 남성적인 와인을 만들며, 요즈음 오스트레일리아 와인의 주종을 이루는 품종이 된 것은?

① 카베르네 소비뇽(Cabernet Sauvignon)

 정답　21. ②　22. ③　23. ④

② 메를로(Merlot)

③ 피노 누아(Pinot Noir)

④ 시라(Syrah)

24. 이탈리아 북부지역에서 최고의 레드와인을 만드는 품종으로, 만생종이며 타닌이 풍부하여 장기간 숙성을 해야 제 맛이 나는 품종은 ?

① 산조베제(Sangiovese)　　　② 네비올로(Nebbiolo)

③ 바르베라(Barbera)　　　　　④ 카나이올로(Canaiolo)

25. 다음은 어떤 포도품종에 대한 설명인가?

> 이탈리아에서 네비올로(Nebbiolo)와 더불어 가장 많이 재배되는 품종으로 이탈리아 와인을 대표하는 토스카나산 키안티(Chianti)에 주로 사용되는 품종이며, 산도가 풍부하고, 체리향과 자두향이 강한 와인을 만든다.

① 카리냥(Carignan)

② 말베크(Malbec)

③ 산조베제(Sangiovese)

④ 카베르네 소비뇽(Cabernet Sauvignon)

해설 몬탈치노에서는 브루넬로(Brunello), 몬테풀치아노에서는 프루뇰로(Prugnolo) 라고 한다. 타닌은 약하지만 신맛이 있고 알코올 도수가 높은 편이며 장기 숙성형 와인이다.

26. 다음은 어떤 포도품종에 대한 설명인가?

> 스페인 리오하(Rioja), 리베라 델 두에로(Ribera del Duero)에 주로 사용하는 스페인 원산의 포도품종이다. 타닌이 적어서 떫은맛이 약하고 갈색빛을 띤 적색으로 숙성됨에 따라 꽃향기가 난다.

① 진판델(Zinfandel)

② 템프라니요(Tempranillo)

③ 산조베제(Sangiovese)

④ 카베르네 소비뇽(Cabernet Sauvignon)

> 해설 템프라니요는 스페인 리오하(Rioja), 리베라 델 두에로(Ribera del Duero)에 주로 사용하는 스페인 원산의 포도품종이며, 페네데스에서는 울 데 리에브레(Ull de Liebre), 발데페냐스에서는 센시벨(Cencibel)이라고도 한다.

27. 다음 중 레드와인을 만드는 품종이 아닌 것은?

① 피노 그리(Pinot Gris)　　　　② 산조베제(Sangiovese)

③ 가메(Gamay)　　　　　　　　④ 네비올로(Nebbiolo)

28. 부르고뉴(Bourgogne)와 샹파뉴(Champagne)에서 주로 재배하지만, 캘리포니아와 오스트레일리아에서도 성공한 화이트와인 품종으로 고급품은 오크통에서 숙성시키며, 다른 품종에 비해 중성의 향과 맛을 가지고 있어서 만드는 방법에 따라 여러 가지 타입이 나올 수 있는 화이트와인 품종은?

① 샤르도네(Chardonnay)　　　　② 소비뇽 블랑(Sauvignon Blanc)

③ 리슬링(Riesling)　　　　　　　④ 뮈스카(Muscat)

29. 보르도(Bordeaux), 루아르(Loire)에서 주로 재배하지만, 신세계 특히 뉴질랜드에서 특유의 향이 진한 와인을 만들어 세계적으로 인정받고 있는 화이트와인 품종은?

① 샤르도네(Chardonnay)　　　　② 소비뇽 블랑(Sauvignon Blanc)

③ 리슬링(Riesling)　　　　　　　④ 뮈스카(Muscat)

30. 독일을 대표하는 품종으로 라인과 모젤, 그리고 프랑스의 알자스(Alsace) 등 비교적 시원한 지역에서 생산되는 화이트와인의 대표적인 품종으로 드라이에서 스위트까지 여러 가지 타입으로 독특한 맛을 내는 화이트와인 품종은?

정답　27. ①　28. ①　29. ②　30. ③

① 샤르도네(Chardonnay)　　② 소비뇽 블랑(Sauvignon Blanc)

③ 리슬링(Riesling)　　④ 뮈스카(Muscat)

31. 다음은 어떤 포도품종에 대한 설명인가?

> 프랑스의 보르도(Bordeaux), 소테른(Sauternes), 그라브(Graves)지역과 미국의 캘리포니아와 워싱턴 주 그리고 기타 호주, 뉴질랜드 등지에서 재배되고 있는데, 세계 최고의 스위트 와인을 만드는데 사용된다. 이 포도 품종은 과피가 얇아 귀부병(Noble rot)을 만드는 품종이며, 감미가 풍부하며 신맛이 거의 없다.

① 세미용(Sémillon)　　② 샤르도네(Chardonnay)

③ 소비뇽 블랑(Sauvignon blanc)　　④ 진판델(Zinfandel)

32. 다음은 어떤 포도품종에 대한 설명인가?

> 보르도(Bordeaux) 지역에서는 코(Cot)로, 카오르(Cahors)지역에서는 오세루아(Auxerrois)로 불리며, 스페인이나 남아메리카에서도 주로 재배된다. 풍부한 색상과 타닌 함유로 블렌딩 용도로 사용되는 것이 특징이다.

① 카리냥(Carignan)　　② 말베크(Malbec)

③ 시라(Syrah)　　④ 카베르네 프랑(Cabernet Franc)

33. 다음은 어떤 포도품종에 대한 설명인가?

> 프랑스 부르고뉴(Bourgogne) 보졸레(Beaujolais)지역의 주요 품종으로 프랑스의 루아르(Loire), 랑그도크 루시옹(Languedoc Roussillon) 지역 등에 주로 분포되어 있고, 햇 와인(Young wine)의 대명사인 보졸레가 이 포도로 만들어지는데, 생산된 해에 40%이상이 출하된다.

① 가메(Gamay)　　② 말베크(Malbec)

③ 시라(Syrah)　　④ 카베르네 프랑(Cabernet Franc)

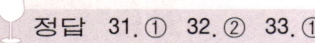 정답 31. ① 32. ② 33. ①

34. 다음은 어떤 품종에 대한 설명인가?

> 식용, 건포도, 와인용 등 다양한 용도로 사용되며, 프랑스의 론(Rhône), 랑 그도크 루시용(Languedoc Roussillon), 알자스(Alsace) 지역과 미국 캘리포니 아, 호주 등에서 재배된다. 이탈리아에서는 모스카토(Moscato)라고 부르며 거 의 전 지역에서 재배된다.

① 샤르도네(Chardonnay)　　　　② 쉬냉 블랑(Chenin Blanc)

③ 뮈스카(Muscat)　　　　　　　④ 소비뇽 블랑(Sauvignon Blanc)

35. 다음은 어떤 포도품종에 대한 설명인가?

> 프랑스 남부지역이나 특히 코트 뒤 론(Côtes du Rhône), 샤토네프 뒤 파프 (Châteauneuf du Pape) 등에서 주로 재배되는 품종으로, 전 세계적으로 넓게 재배되는 이 품종은 원산지는 스페인이다. 더운 지역에서 재배하기 좋으며 알 코올 도수가 높고 강한 와인과 로제와인, 화이트와인을 만드는데 사용되는데, 타벨 로제(Tavel Rosé)가 이 포도로 만들어진다.

① 카리냥(Carignan)　　　　　　② 말베크(Malbec)

③ 시라(Syrah)　　　　　　　　　④ 그르나슈(Grenache)

36. 다음은 어떤 품종에 대한 설명인가?

> 프랑스 루아르(Loire) 지역의 주요 품종으로 캘리포니아, 호주 및 뉴질랜드, 남아공 등에서 재배되며, 껍질이 얇고 산도가 좋고 당분이 높고 색이 거의 투 명하고 멜론과 같은 과일향이 난다. 세미 스위트 타입으로 식전주로 많이 사 용되나 장기간 보관이 가능한 스위트 와인 또는 우수한 스파클링 와인을 만드 는데 사용한다.

① 샤르도네(Chardonnay)

② 슈냉 블랑(Chenin Blanc)

③ 뮈스카(Muscat)

④ 소비뇽 블랑(Sauvignon Blanc)

해설 빨리 익으며, 투명에 가깝고 벌꿀이나 멜론 같은 달콤한 향기가 난다. 루아르(Loire)에서는 피노 드 라 루아르(Pineau de la Loire)라고도 하며, 남아프리카에서는 스틴(Steen)이라고도 한다.

37. 다음은 어떤 품종에 대한 설명인가?

> 독일의 팔츠(Pfalz)와 프랑스의 알자스(Alsace)에서 재배되는 대표적인 화이트와인 포도품종으로, 자몽, 리치 향이 강하고 다양하며 자극적인 맛이 난다. 수확 시기에 따라 당도의 차이가 있고, 드라이한 맛에서 스위트한 맛까지 다양한 경험이 가능하다.

① 뮐러 투르가우(Muller Thurgau)

② 게뷔르츠트라미너(Gewürztraminer)

③ 질바너(Silvaner)

④ 샤르도네(Chardonnay)

해설 독일어로 게뷔르츠(Gewürz는 향신료(spicy)), 트레미너(Traminer)는 이탈리아 북부마을의 포도에서 유래되었다.

38. 다음은 어떤 포도품종에 대한 설명인가?

> 유럽이 원산지이지만, 유럽지역이 아닌 미국 캘리포니아에서 많이 사용한다. 나무딸기, 오디, 블랙베리 등 특유의 향이 강하며, 익는 정도가 일정하지 않아서 초기에는 로제와인으로 많이 사용했으나 요즈음은 고급 레드와인에도 많이 사용되고 있다.

① 진판델(Zinfandel)

② 말베크(Malbec)

③ 산조베제(Sangiovese)

④ 카베르네 소비뇽(Cabernet Sauvignon)

39. 보르도에서 세미용(Sémillon) 품종은 주로 어떤 품종과 혼합하는가?
① 소비뇽 블랑(Sauvignon Blanc)　② 진판델(Zinfandel)
③ 샤르도네(Chardonnay)　④ 쉬냉 블랑(Chenin Blanc)

40. 다음 포도품종 중 돌연변이가 자주 발생하여 변종이 많은 품종은?
① 샤르도네(Chardonnay)
② 피노 누아(Pinot Noir)
③ 소비뇽 블랑(Sauvignon Blanc)
④ 그르나슈(Grenache)

41. 국내 식용포도의 주요품종은?
① 카베르네 소비뇽(Cabernet Sauvignon)
② 캠벨 얼리(Campbell Early)
③ 피노 누아(Pinot Noir)
④ 메를로(Merlot)

　해설 국내 식용포도의 주요품종은 양조용보다 당도가 낮은 13도 정도인 캠벨(Campbell)을 사용하고 있다.

 정답 39. ① 40. ② 41. ②

제3절 와인 양조

1. 양조의 원리

당분이 이스트(Yeast)의 작용으로 알코올로 변하는 과정이다.

포도당 → 알코올 + 탄산가스

2. 알코올 발효

와인을 만드는 효모(Yeast)는 미생물로서 와인의 맛과 향기에 많은 영향을 끼친다. 와인제조의 성공여부는 이 미생물의 작용을 얼마나 잘 조절하느냐에 달려있다. 포도주스는 발효가 일어나면 혼탁해지면서 끓어오르고 많은 열을 발생한다. 이 과정이 끝나면 포도주스는 단맛을 잃고 와인이 된다. 즉 포도의 당분이 알코올로 변한다.

3. 과즙(Must) 조절

포도의 숙성은 토질과 기후 등 여러 가지 변수에 의해서 영향을 받으므로, 양질의 와인을 생산하기 위한 조건을 완벽하게 갖추기는 힘들다. 그래서 품질의 안정화를 도모하기 위하여, 제한된 범위 내에서 몇 가지를 첨가할 수 있다. 즉 알코올의 함량을 높이기 위해 포도과즙에 설탕이나 농축주스를 넣는다든지, 산의 함량이 너무 많으면 이를 중화시킨다든지, 기타 다른 조건을

만족시키기 위하여 첨가물을 넣는다. 그러나 인위적인 조작이 숙성에 의한 원래 포도의 성분을 따라갈 수 없으므로 토질이나 기후조건이 양호한 곳에서 양질의 와인이 나올 수밖에 없다. 그래서 많은 나라에서 고급와인의 제조시 첨가제 사용을 금지하고 있다.

4. 레드와인의 제조

(1) 열매 분리 및 파쇄

포도송이에서 열매를 분리시키는 작업으로 옛날에는 손으로 하나씩 했지만, 요즈음은 기계로 열매만 골라내면서 지그시 눌러 포도열매를 터뜨리기까지 한다. 이 때 주의할 점은 기계의 금속부분에 포도 알맹이가 눌려서 껍질이나 씨가 갈라지면 쓴맛이 나오므로 기계선택에 유의하여야 한다.

(2) 아황산 첨가

아황산(SO_2)은 과즙의 산화방지제로 오래 전부터 사용되어 왔다. 처음에는 그렇게 중요시하지 않았는데, 이제는 와인생산에 필수적인 존재가 되었다. 산화방지는 물론 잡균오염방지, 색깔의 선명도 유지 등 와인의 발효와 저장에 해결사 노릇을 하고 있다. 그러나 너무 많이 사용하면 역효과를 나타내므로 적정량을 사용해야 한다.

(3) 발효관리

당분이 변하여 알코올이 되므로 당분함량이 날마다 줄어들면 발효가 활발히 진행되고 있다는 증거이다. 그리고 적정온도(25~30℃)를 유지하도록 온도가 올라가면 탱크 겉면에 물을 뿌려 주거나 시원한 공기를 주변에 공급하여 온도상승을 피해야 한다. 무엇보다도 레드와인은 고유의 색깔과 맛을

낼 수 있어야 한다. 발효 중 탱크내부를 살펴보면 밑바닥에는 씨가 가라앉아 있고, 중간에는 주스, 표면에는 껍질이 떠있다. 이 떠 있는 껍질을 가만히 두면, 표면이 마르면서 곰팡이가 자라므로 탱크 중간층의 주스를 뽑아서 껍질에 뿌려주거나 기구를 이용하여 계속적으로 껍질을 가라 앉혀야 한다. 그래야 껍질의 색소가 우러나오고, 곰팡이의 번식도 막을 수 있다. 껍질의 색소 추출작업은 조심스럽게 관찰해 가면서 원하는 색깔이 나올 때까지 계속한다.

(4) 고형물 분리

원하는 색깔이 나오면, 고형물을 분리시키는 작업을 한다. 먼저 중간층의 액체상태를 뽑아내는데, 힘을 가하지 않고 자연적으로 유출되는 액체를 프리 런(Free run)이라 하며, 고급와인용으로 쓰인다. 그리고 남아있는 고형물을 압착시켜 나오는 액체를 프레스(Press)라고 하는데, 이 프레스는 타닌함량이 많으므로 따로 와인을 만들어 프리 런 와인에 조금 혼합하거나 저급와인을 만든다.

(5) 잔당발효

씨와 껍질 등 고형물을 제거한 와인에는 아직도 발효가 완료되지 않아서 당분이 남아있을 수 있다. 필요하면 알코올 농도를 높이기 위해 설탕을 첨가하거나 기타 필요한 첨가물을 넣은 뒤 다시 발효시켜 남아있는 당분을 전부 알코올로 변화시킨다.

(6) 찌꺼기 분리

발효가 갓 끝난 와인은 효모의 찌꺼기가 많으므로, 온도를 낮추고 방치시키면 찌꺼기가 가라앉는다. 이 때 맑은 상층부분만을 채취해서 따로 분리시키는 작업을 한다. 이런 방법을 두세 번하면 맑은 액을 얻을 수 있다. 요즈

음은 기계적인 여과방법으로 간편하게 처리할 수 있다.

5. 화이트와인의 제조

화이트와인은 청포도의 주스만을 발효시킨 것으로 레드와인과는 달리 껍질의 색소 추출 과정이 없다. 화이트와인에 대한 소비자의 요구 또한, 신선하고 너무 떫거나 쓰지 않는 것으로 레드와인의 묵직함에 비하여 화이트와인은 가볍고 산뜻한 편이다.

(1) 열매 분리 및 파쇄

최대한 가벼운 충격으로 껍질이나 씨에서 유출되는 성분을 최소화한다.

(2) 과즙분리

발효가 끝난 레드와인을 분리하는 식으로 과즙을 분리하는데, 될 수 있으면 프리 런 주스(Free run juice)를 이용하여 와인을 만들고, 프레스 주스(Press juice)는 저급와인에 사용한다. 프레스 주스로 만든 와인을 섞어서 맛을 조절하기도 한다.

(3) 과즙조절

과즙이 흘러나오면 아황산을 첨가하여 산화를 방지하고, 최대한 낮은 온도를 유지시켜 잡균오염을 방지한다. 그리고 필요하면 설탕을 첨가하거나 산도를 조절한 다음, 과즙에 섞여있는 고형물을 제거한다.

(4) 발효관리

화이트와인의 발효관리는 온도를 낮추는데 중점을 두어야 한다. 20℃가

넘지 않아야 최고의 품질을 얻을 수 있다. 온도가 높으면 잡균오염에 의한 좋지 않은 성분이 생성되며 가지고 있던 향기성분도 휘발되어 버린다.

(5) 찌꺼기 분리

발효가 끝난 와인은 효모의 찌꺼기가 가라앉아 있으므로 여기에서 좋지 않은 냄새가 나올 수 있어 최대한 빠른 시간 내에 이 찌꺼기를 제거해야 한다. 분리시키는 방법은 따라 내거나 기계적인 여과방법을 이용한다.

6. 2차 발효(Malolactic Fermentation)

발효를 끝내고 찌꺼기를 분리시킨 것으로 와인이 완성된 것이 아니다. 당분이 알코올로 변하고, 그 다음 단계로 와인의 품질에 중요한 영향을 주는 느린 발효가 일어난다. 이 발효는 알코올 발효가 끝난 다음 바로 일어나기도 하고, 따라 내기 과정에서 일어나기도 한다. 심하면 다음해 봄에도 일어난다. 그래서 자연 발생적으로 발효를 유도하기도 하고, 인위적으로 발효를 일으키기도 한다.

산도가 약해지기 때문에 감산발효라고도 하는데, 이 발효가 제대로 이루어져야 최상의 품질과 생물학적 안정성을 얻게 된다. 이 발효는 포도 중의 사과산(Malic acid)이 박테리아에 의해서 젖산(Lactic acid)으로 변하면서 와인의 맛이 부드러워지고 향기도 변하여 훨씬 세련되므로 숙성의 첫 단계라고 할 수도 있다. 레드와인에는 이 발효가 필수적이지만, 화이트와인이나 로제와인 등은 신선한 맛 때문에 이 발효를 생략하기도 한다.

7. 숙성

발효가 갓 끝난 와인은 효모냄새나 탄산가스 등이 섞여 있어서 향이나 맛이

매우 거칠기 때문에 바로 마실 수 없다. 와인은 종류에 따라 몇 개월에서 몇 년까지 맛과 향의 조화를 위해서 숙성기간을 두고 있는데, 이점이 와인의 가장 큰 특성이라 할 수 있다. 와인은 숙성기간 동안 일련의 작고 복잡한 변화가 일어나게 된다. 레드와인은 짙은 보라색에서 점차 벽돌색깔로 되면서 맛의 강도도 변하여 거칠고 쓴맛이 부드럽게 된다. 또 향기도 원료포도에서 우러나온 아로마(Aroma)가 점점 약해지고, 원숙한 부케(Bouquet)가 새로 형성된다.

8. 주석(酒石) 등 이물질 제거

와인 보관도중, 포도의 산의 주성분인 주석산(Tartaric acid)이 칼슘이나 칼륨과 결합하여 주석(酒石)이 되어 탱크 바닥이나 심하면 주병 후에도 모래와 같은 작은 입자로 뭉쳐서 가라앉는다. 인체에 해는 없으나 상품으로서 질을 떨어뜨려, 냉동 또는 기타 여러 가지 방법으로 미리 제거한 후 병에 넣어야 한다. 기타 단백질이나 여러 가지 와인의 보관에 악영향을 끼치는 물질도 첨가제를 사용하여 제거한 후 병에 넣는다. 전통적으로 진흙, 계란흰자 등을 사용하였으나 요즈음은 사용하기 편리한 첨가제가 많이 나와 있다.

9. 주병

완성된 와인이라 할지라도 혼탁을 일으키는 물질이나 재발효가 일어날 수 있는 미생물 등은 완전히 제거하여 병에 넣어야 한다. 예전에는 가열하여 단백질을 응고시켜 제거하고 미생물을 살균하였으나, 요즈음에는 미세한 여과 장치(Microfilter)가 개발되어 가열에 의한 아로마나 부케의 손실을 줄일 수 있게 되었다. 그리고 병뚜껑은 고급와인일수록 코르크 마개를 이용하는데, 이

는 과학이 발달된 지금도 코르크와 같은 적합한 재질을 만들어내지 못하기 때문이다.

〈와인 제조 과정〉

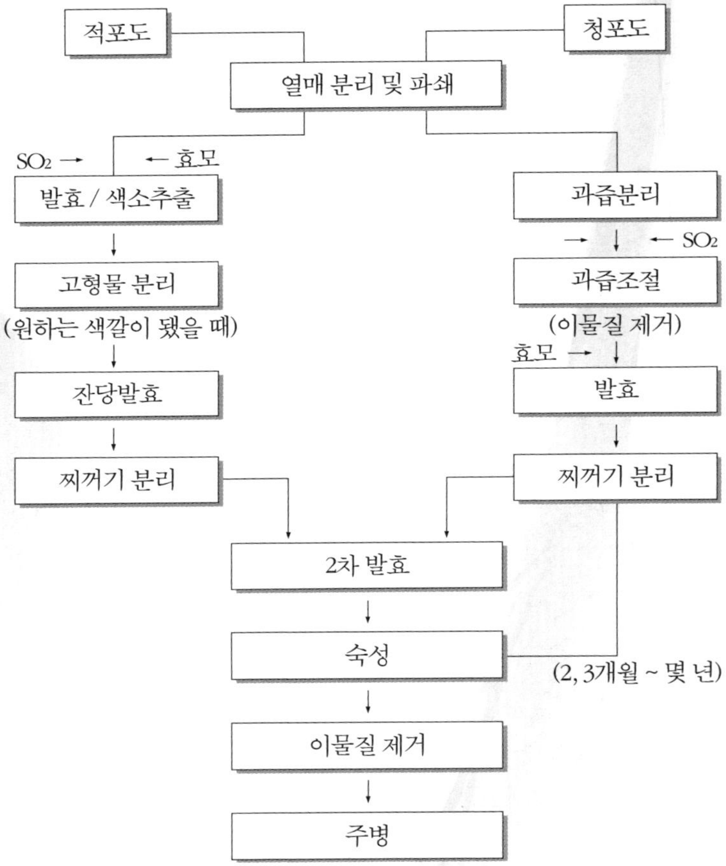

```
        적포도 ─────────┐          ┌───── 청포도
                        │          │
              ┌─────────┴──────────┴─────┐
              │     열매 분리 및 파쇄      │
              └──────┬───────────────┬────┘
                     │               │
    SO₂ →   ← 효모   │               │
         ┌───────────┴───┐       ┌───┴──────────┐
         │  발효 / 색소추출  │       │   과즙분리     │
         └───────┬───────┘       └───┬──────────┘
                 │                     → ↓ ← SO₂
         ┌───────┴───────┐       ┌───┴──────────┐
         │   고형물 분리    │       │   과즙조절     │
         └───────┬───────┘       └───┬──────────┘
         (원하는 색깔이 됐을 때)        (이물질 제거)
                 │              효모 → ↓
         ┌───────┴───────┐       ┌───┴──────────┐
         │   잔당발효      │       │    발효        │
         └───────┬───────┘       └───┬──────────┘
                 │                     │
         ┌───────┴───────┐       ┌───┴──────────┐
         │   찌꺼기 분리    │       │   찌꺼기 분리   │
         └───────┬───────┘       └───┬──────────┘
                 │                     │
              ┌──┴─────────────────────┴──┐
              │         2차 발효           │
              └────────────┬──────────────┘
                           │
              ┌────────────┴──────────────┐
              │           숙성             │
              └────────────┬──────────────┘
                           │   (2, 3개월 ~ 몇 년)
              ┌────────────┴──────────────┐
              │        이물질 제거          │
              └────────────┬──────────────┘
                           │
              ┌────────────┴──────────────┐
              │           주병             │
              └───────────────────────────┘
```

적중예상문제

01. 알코올 발효란 효모의 활동으로 당분이 에틸알코올과 (   )로 분해되는 과정
이다. 다음 중 (   )안에 들어갈 알맞은 것은?

① 질소 　　　　　　　　　　② 산소
③ 탄산가스 　　　　　　　　④ 수소

02. 와인의 성분 중 알코올의 역할이 아닌 것은?

① 와인의 바디와 골격을 구성한다.
② 화끈한 느낌과 단맛을 준다.
③ 신맛과 조화를 이루어야 최상의 향미를 낼 수 있다.
④ 신선하고 경쾌한 향미를 준다.

03. 와인에서 알코올 발효란 어떤 변화를 말하는가?

① 포도의 당분이 알코올과 산으로 변하는 과정
② 포도의 효모가 알코올과 탄산가스로 변하는 과정
③ 포도의 당분이 알코올과 탄산가스로 변하는 과정
④ 포도의 당분이 알코올과 타닌으로 변하는 과정

04. 다음 중 포도에 존재하는 산이 아닌 것은?

① 주석산 　　　　　　　　　② 사과산
③ 젖산 　　　　　　　　　　④ 구연산

05. 포도의 구성성분 중 쓴맛이 나는 성분이 포함되지 않은 것은?

정답　01. ③　02. ④　03. ③　04. ③　05. ②

① 껍질   ② 과육

③ 줄기   ④ 씨

해설 줄기=타닌 / 껍질=색과 타닌 / 과육=수분과 당, 산 / 씨= 쓴맛이 나는 오일이 들어있음.

06. 와인에서 단맛을 주는 성분이 아닌 것은?

① 잔당   ② 알코올

③ 글리세린   ④ 폴리페놀

07. 와인의 떫은맛은 주로 어디서 나오는가?

① 껍질과 씨에 있는 타닌   ② 과육의 발효 부산물

③ 주스에 있는 사과산   ④ 발효의 주산물인 알코올

08. 포도의 당도가 와인 양조에 중요한 이유는?

① 당도가 높을수록 알코올 농도가 높아지기 때문에

② 당도가 높을수록 발효가 잘 되기 때문에

③ 당도가 높을수록 와인이 맛있기 때문에

④ 당도가 높을수록 발효 기간이 짧아지기 때문에

09. 다음 중 프랑스와 오스트레일리아 등에서 사용하는 당도 단위는?

① 브릭스(Brix)   ② 보메(Baumé)

③ 옥슬레(Öechsle)   ④ 볼링(Balling)

10. 과즙(Must)의 당도를 굴절당도계로 측정하여 18 브릭스가 나왔다면, 발효가 완전히 끝나면 알코올 농도는 대략 어느 정도 될까?

① 약 8도   ② 약 10도

③ 약 12도   ④ 약 14도

정답   06. ④   07. ①   08. ①   09. ②   10. ②

해설 당도 × 0.57 = 알코올 농도

11. 와인에서 아황산의 역할이 아닌 것은?

① 항산화 작용   ② 색소 추출 작용

③ 향미 개선   ④ 알코올 손실 방지

12. 포도의 붉은 색깔을 나타내는 주 색소의 명칭은?

① 카테킨(Catechin)   ② 논플라보노이드(Nonflavonoids)

③ 안토시아닌(Anthocyanin)   ④ 타닌(Tannin)

13. 양조용 포도는 발효과정에서 일정수준의 알코올 성분으로 변할 수 있도록 ( ) 함량이 높아야 한다. 다음 중 ( )안에 들어갈 알맞은 것은?

① 산   ② 당

③ 타닌   ④ 칼륨

해설 양조용 포도는 발효과정에서 일정수준의 알코올 성분으로 변할 수 있도록 당분 함량이 높아야 한다.

14. 레드와인 발효 시 색소와 타닌을 추출하기 위한 적정 온도는?

① 15~20℃   ② 20~25℃

③ 25~30℃   ④ 30~35℃

15. '캡 매니지먼트(Cap Management)' 란 어떤 작업을 말하는가?

① 레드와인 발효 중 떠오르는 껍질을 관리하는 일

② 발효 탱크에 공기가 들어가지 않도록 뚜껑을 완벽하게 밀봉시키는 일

③ 병에 와인을 넣고 밀봉시키는 일

④ 오크통 숙성 중 윗부분의 증발하는 양을 채워주는 작업

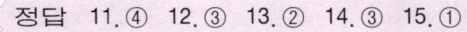

정답   11. ④   12. ③   13. ②   14. ③   15. ①

16. '프리 런 와인(Free run wine)' 이란 무엇을 뜻하는가?

  ① 찌꺼기가 가라앉은 와인 탱크에서 상층부의 맑은 와인

  ② 글라스에 부었을 때 눈물이 많이 흘러내리는 와인

  ③ 레드와인 발효 후 압력을 가하지 않아도 유출되는 와인

  ④ 숙성 중인 오크통에서 증발하여 공기 중으로 사라지는 와인

17. '프레스 와인(Press wine)' 이란?

  ① 레드와인 발효 후 껍질에 압력을 가하여 나오는 와인

  ② 탄산가스가 가득 차 압력이 높은 와인

  ③ 언론 홍보용으로 제작한 시제품 와인

  ④ 발효가 갓 끝난 와인을 고압으로 처리하여 정제한 와인

18. 화이트와인 양조 시 중요하게 생각해야 할 사항이 아닌 것은?

  ① 포도의 아로마를 와인으로 조심스럽게 이전시킨다.

  ② 포도에서 머스트까지 시간을 최대한 단축시킨다.

  ③ 산화방지를 위해 최선을 다 한다.

  ④ 껍질과 씨에서 최대한 폴리페놀을 추출한다.

19. 화이트와인 발효 시 온도가 낮추는 이유에 해당되지 않은 사항은?

  ① 잡균 오염이 방지된다.

  ② 향의 손실이 방지된다.

  ③ 산화가 방지된다.

  ④ 산소의 용해가 방지된다.

20. 와인 양조 중 일어나는 말로락틱 발효(Malolactic Fermentation)를 가장 잘 설명한 것은?

정답 16. ③ 17. ① 18. ④ 19. ④ 20. ①

① 사과산이 젖산으로 변하는 반응이다.

② 알코올이 물과 탄산가스로 변하는 반응이다.

③ 당분이 알코올로 변하는 반응이다.

④ 알코올이 초산으로 변하는 반응이다.

21. 다음 '말로락틱 발효(Malolactic Fermentation)' 에 대한 설명 중에서 옳지 않은 것은?

① 산도가 약해진다.

② 숙성의 첫 단계라고 할 수 있다.

③ 사과산이 주석산으로 변한다.

④ 맛과 향에 다양성이 부여된다.

22. 다음 로제와인을 만드는 방법 중 가장 많이 사용되고 있는 방법은?

① 레드와인과 화이트와인을 섞어서

② 적포도와 청포도를 한꺼번에 섞어서

③ 발효 중 적포도의 껍질을 빨리 제거하여

④ 색깔이 옅은 포도로

23. 병 숙성(Bottle aging)이란 와인이 병에 들어간 다음에 일어나는 변화를 이르는 말인데, 다음 중 병 숙성의 메커니즘에 대해 올바르게 설명한 것은?

① 코르크마개를 통해서 숨 쉬면서 숙성되는 현상

② 공기가 없는 상태에서 일어나는 바람직한 변화

③ 천천히 일어나는 복잡한 산화 현상

④ 산소를 소비하면서 알데히드 형성으로 점점 질이 저하되는 현상

24. 숙성 중 일어나는 변화에 해당되지 않은 것은?

정답 21. ③ 22. ③ 23. ② 24. ③

① 화이트와인은 갈색, 레드와인은 벽돌색으로 점차 변한다.
② 복합적인 맛과 향이 생성된다.
③ 안토시아닌과 타닌 함량이 증가한다.
④ 기존 성분과 신규 성분의 조화가 일어난다.

25. 알코올 발효 후 탱크 바닥, 혹은 와인 병을 개봉했을 때 석출되어 나오는 결정을 부르는 명칭은?
① 주석산　　　　　　　　② 주석
③ 탄산칼슘　　　　　　　④ 탄산소다
🍷해설 주석산과 칼륨 혹은 칼슘이 반응하여 주석이 됨

26. 주석은 포도의 주석산이 칼슘이나 (　)이온과 결합하여 만들어진 것으로 인체에는 전혀 해가 없다. 다음 중 (　)안에 들어갈 알맞은 것은?
① 칼륨　　　　　　　　　② 수소
③ 인　　　　　　　　　　④ 이산화황
🍷해설 겨울을 나는 동안 와인속의 일부 칼슘, 칼륨 등이 주석산과 결합하여 주석이 만들어지면서 계속 침전하여 맑은 와인을 만든다. 이 주석은 인체에는 전혀 해가 없다.

27. 다음 중 와인을 맑게 만드는 '청징제(Fining agent)'가 아닌 것은?
① 규조토　　　　　　　　② 벤토나이트
③ 젤라틴　　　　　　　　④ 타닌
🍷해설 규조토는 여과 보조제로 사용

28. 와인 750㎖ 1병을 양조하는데 소요되는 포도의 양은?
① 약 1kg　　　　　　　　② 약 2kg
③ 약 3kg　　　　　　　　④ 약 4kg

정답　25. ②　26. ①　27. ①　28. ①

해설 와인 750㎖ 1병을 양조하는데, 1.2kg 포도가 소요

29. 화이트와인 양조시 포도 1,000kg을 압착하면 주스를 얼마나 얻을 수 있나?

① 약 500 *l*   ② 약 700 *l*

③ 약 900 *l*   ④ 약 1,100 *l*

30. 와인의 풍미를 풍부하게 해주는 드라이 화이트와인의 신기술이 아닌 것은?

① 압착과정에서 수평공기압착기 사용

② 껍질 침용

③ 고온양조

④ 오크통 발효

31. 스위트와인을 만드는 방법이 아닌 것은?

① 발효를 중지시킨다.

② 포도를 늦게 수확하거나 건조시켜 당도가 아주 높은 포도를 사용한다.

③ 탄산가스를 집어넣는다.

④ 포도주스를 첨가한다.

32. 보졸레(Beaujolais) 지역 등에서 사용하는 양조법인 '마세라시옹 카르보니크(Macération Carbonique)' 란 어떤 방식의 양조법인가?

① 탄소를 첨가하여 포도를 발효시키는 방법

② 탄산을 첨가하여 산도를 높이는 방법

③ 탄산가스 침용법

④ 탄산가스를 완벽하게 배출시켜 만드는 방법

 정답 29. ② 30. ③ 31. ③ 32. ③

33. 으깬 포도에서 포도주스를 분리하는 기계는 무엇인가?

① 믹서기   ② 원심 분리기

③ 분쇄기   ④ 디주서

해설 으깬 포도에서 포도주스를 디주서(Dejuicer)라는 기계로 분리한다.

제4절 국가별 와인

1. 프랑스 와인

(1)개요

프랑스는 북쪽 지역의 청포도와 남쪽 지역의 붉은 포도는 와인용으로 완벽하기 때문에 와인의 질과 양에서 세계 제일을 자랑하고 있다. 프랑스는 농산물과 해산물이 풍부하고, 일찍이 통일된 국가를 이루고 왕족, 귀족 등 와인 소비층이 까다로워지면서 그들의 입맛을 맞추기 위해 예술의 경지에 이른 고급 와인으로 발전하기 시작하였다.

(2) 프랑스 와인의 특징

프랑스 와인을 이해하려면, 이름있는 포도원의 명칭과 그 지리적 위치를 먼저 알아야 한다. 프랑스는 전통적으로 이름있는 포도원의 역사적 배경과 기후, 토질 등을 바탕으로 등급을 정해 버린 곳이 많고, 또 각 지역별로 사용하는 포도의 품종, 담그는 방법이 정해져 있어서 상표에도 품종을 표시하지 않고, 생산지명과 등급을 표시하는 경우가 많다. 그렇기 때문에 각 생산지역의 특징을 파악하지 않으면, 그 곳에서 생산되는 와인이 어떤 것인지 알 수 없게 된다. 프랑스는 어느 곳이든 포도재배가 잘 되지만, 그 중에서도 이름있는 곳은 독일풍 화이트와인이 나오는 '알자스(Alsace)', 가벼운 와인이 나오는 '루아르(Loire)', 묵직한 레드와인으로 유명한 '보르도(Bordeaux)', 화려한 맛의 레드와인과 화이트와인이 나오는 '부르고뉴(Bourgogne)', 텁텁하고 남성적인 와인의 '론(Rhone)', 유명한 샴페인이 나오는 '샹파뉴

(Champagne)' 등 6개 지역을 들 수 있다.

(3) AOC

프랑스 와인이 세계적으로 유명한 이유는 포도재배에 적합한 환경을 갖추고 있기도 하지만, 일찍부터 품질관리체계를 확립하여 와인을 생산했기 때문이다. 프랑스의 와인은 지역행정부의 법률에 의해 규제를 받는데, 이것이 유명한 AOC(Appellation d'Origine Contrôlée)제도로 '원산지 명칭의 통제'라고 해석할 수 있는데, 포도재배장소의 위치와 명칭을 관리하는 제도라고 할 수 있다.

이 제도는 전통적으로 유명한 고급 와인의 명성을 보호하고 그 품질을 유지하기 위하여 제정된 것으로, 유명한 포도밭의 포도를 사용하지 않으면서 그 지명을 도용하는 행위나 반대로 유명한 포도원이 다른 곳에서 포도를 구입하여 와인을 제조하는 행위를 통제하여, 정직한 업자를 보호하고 소비자에게 올바른 와인을 선택할 수 있는 기회를 제공하는데 있다. 이 법률에서는 포도재배 지역의 지리적인 경계와 그 명칭을 정하고, 사용하는 포도의 품종, 재배방법, 단위면적당 수확량의 제한 그리고 제조방법과 알코올 농도, 생산된 와인의 맛과 향에 이르기까지 규정하여, 이에 적합한 와인은 포도 재배 지역의 명칭을 가운데 삽입하여 'Appellation(아펠라시옹) ○○○ Contrôlée(콩트롤레)'라고 상표에 표기한다. 예를 들어, 보르도(Bordeaux)라면 'Appellation Bordeaux Contrôlée'라고 상표에 인쇄되어 있다.

프랑스에서는 행정구역과 관계없이 포도재배 지역을 토질과 기후를 중심으로 나누어 그 경계와 명칭을 정한다. 그리고 그 지역 명칭도 유명한 '이동 막걸리' 식으로 경기도, 포천군, 이동면으로 점차 세분화하여 그 명칭을 정한 것이 가장 큰 특징이라고 할 수 있다. 보르도 지역을 예로 들면,

① Appellation Bordeaux Contrôlée

보르도 지역에서 생산된 포도만을 사용하여 만든 와인.

② Appellation Médoc Contrôlée

　　보르도 지역 중 메도란 지역에서 생산된 포도만을 사용하여 만든 와인.

③ Appellation Margaux Contrôlée

　　보르도 지역 중 메도크의 마고라는 마을에서 생산된 포도만을 사용하여 만든 와인.

　이와 같이 지명이 세분화된 작은 지역의 와인일수록 원료 생산지의 범위가 좁아지므로, 일반적으로 작은 지역단위의 AOC 와인이 더 개성있는 고급으로 인정되고 있다. 그러니까 보르도나 부르고뉴와 같이 우리에게 잘 알려진 명칭의 AOC보다는 아주 낯선 소지역의 지명 단위 AOC가 더 고급일 경우가 많기 때문에 프랑스의 와인을 이해하려면 이름있는 포도원의 명칭과 그 지리적인 위치를 알아야 한다. 현재 프랑스에는 약 400여 개의 AOC 명칭이 정해져 있다. AOC보다 여러 면에서 통제가 느슨한 와인은 '뱅 드 페이(Vin de Pays)' 라는 표시를 하고, 원산지 개념이 없는 것은 '뱅 드 타블(Vin de Table)' 이라고 표시한다.

(4) 보르도 와인

① 개요

　　보르도 와인하면 와인에 대해 관심이 없는 사람이라도 그 명성을 익히 알 정도로 옛날부터 유명한 곳이다. 일찍이 로마시대부터 포도밭이 조성되어 로마사람들이 보르도 와인을 애용하면서 그 이름이 알려지게 되었고, 중세에는 이곳 출신인 루이 7세의 왕비가 이혼하고 영국의 왕자와 결혼하면서 영국 영토로 편입되었던 곳이다. 그 때부터 보르도 와인이 유럽전역으로 퍼지게 되면서 와인의 명산지로서 알려진 것이다. 보르도는 기후와 토양조건이 포도재배에 완벽하고 항구를 끼고 있어서 와인의 제조와 판매에 좋은 조건을 갖추고 있는 곳이라 할 수 있다.

　　보르도 와인은 상표에 지명이나 제조업체의 상호를 크게 표시할 수 있

지만, 포도재배에서 양조, 포장까지 일관작업으로 생산되는 고급와인은 샤토(Château) 명칭을 크게 나타내면서 "Mis en bouteilles au Château"라는 문장이 상표에 기입되어 있다. 나머지는 메이커는 포도를 구입하여 와인을 제조하거나 발효만 끝낸 중간상태의 와인을 구입하여 제품을 만드는 등 반제품 상태의 와인을 완성품으로 만든 후, 상표에 자신의 이름이나 상호를 넣는다.

② 메도크(Médoc)

세계 최고의 레드와인의 명산지로서, 토양의 성질과 재배하는 포도품종의 조화가 가장 잘 된 곳으로 알려져 있다. 사용하는 품종은 타닌이 많은 카베르네 소비뇽에 부드러운 메를로 등을 섞어서 균형을 맞춘다. 이 메도크 지역은 북쪽의 바메도크(Bas-Médoc)과 남쪽의 오메도크(Haut-Médoc)로 나눌 수 있는데, 잘 알려진 고급 와인생산지역은 오메도크의 북쪽에서 남쪽으로 생테스테프(Saint-Estèphe), 포이약(Pauillac), 생줄리앙(Saint-Julien), 마고(Margaux)이며, 서쪽의 물리(Moulis), 리스트락(Listrac)을 포함한 여섯 개의 지역이다. 이들 와인은 AOC에 이 지명이 표시되어 있다.

메도크는 전통적으로 고급 와인을 생산하는 샤토를 1855년에 지정하여 그랑 크뤼 클라세(Grand Cru Classé)에라 명칭으로 61개의 샤토를 다섯 개의 등급으로 나누어 분류하고 있다. 이들 와인은 예술적인 가치를 지닌 수준 높은 와인으로 평가받고 있다. 대표적인 샤토로는 샤토 라피트 로칠드(Château Lafite Rothschild), 샤토 라투르(Château Latour), 샤토 마고(Château Margaux), 샤토 무통 로칠드(Château Mouton Rothschild)를 들 수 있다.

③ 그라브(Grave)

자갈이란 뜻을 가진 그라브 지역은 메도크의 남쪽에 있으며, 화이트와인과 레드와인 모두 명품으로 알려져 있다. 레드와인 품종은 메도크와 비슷하며 메도크의 와인보다 부드럽고 숙성된 맛을 풍기며 부케 또한 풍

부한 것이 특징이다. 화이트와인 품종은 세미용에 소비뇽 블랑을 섞어서 고전적인 맛을 낸다. 가장 유명한 샤토인 샤토 오브리옹(Château Haut-Brion)은 메도크의 와인이 아니면서도 1855년 메도크의 그랑 크뤼 클라세의 1등급에 지정된 유명한 곳이며, 그 외 샤토 라 미숑 오브리옹(Château La Mission Haut-Brion), 샤토 부스코(Château Bouscaut) 등도 유명하다.

④ 소테른(Sauternes)

세계적으로 유명한 스위트 화이트와인을 생산하는 곳으로 포도를 늦게까지 수확하지 않고 과숙시켜 보트리티스 시네레아(Botrytis cinerea)라는 곰팡이가 낀 다음에 수확하여 와인을 만들어 유명해진 곳이다. 사용하는 품종은 세미용이나 소비뇽 블랑이며, 곰팡이 때문에 특이한 향과 고유의 단맛을 내는 와인이 된다. 이런 와인을 영어로는 노블 롯(Noble rot), 일본에서는 귀부(貴腐)와인이라고 한다. 수확량이 적어서 값이 비싸고 귀한 것이 특징이다. 1855년 메도크의 그랑 크뤼 클라세를 정할 때 이미 그 등급을 세 단계로 분류하였고, 이 중에서 샤토 디켐(Château d'Yquem)은 세계에서 가장 비싼 화이트와인이라고 할 수 있다.

⑤ 포므롤(Pomerol)

이곳은 규모가 작고 생산량이 적지만, 희소가치로서 이름이 나 있기 때문에 유명 샤토의 와인은 구하기가 힘들 정도이며, 특히 샤토 페트뤼스(Château Petrus)의 와인은 값이 비싼 것으로 유명하다. 부드러운 메를로를 주품종으로 사용하기 때문에 와인의 맛도 부드럽고 온화하며 향 또한 신선하고 풍부한 것으로 유명하다.

⑥ 생테밀리옹(Saint-Émilion)

아름답고 고풍스러운 풍경이 유명한 곳으로, 경사진 백악질 토양과 자갈밭에서 온화하고 카베르네 프랑과 메를로를 사용하여 부드러운 와인을 만든다. 유명한 샤토는 샤토 슈발 블랑(Château Cheval Blanc), 샤토 오존(Château Ausone) 등이다.

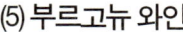
(5) 부르고뉴 와인

① 개요

부르고뉴 지역은 보르도 지역과 함께 프랑스 와인을 대표하는 곳이며, 영어를 사용하는 나라에서는 버건디(Burgundy)라고 부른다. 이 지역은 교통이 불편한 프랑스 동부 지역에 길게 퍼져 있어서 보르도에 비하여 상대적으로 늦게 알려졌으나, 이곳의 와인은 항상 공급보다는 수요가 많기 때문에 구하기 힘들뿐 아니라 값이 비싸기로 유명하다. 사용하는 품종은 단일 품종으로 화이트와인은 샤르도네, 레드와인은 피노 누아로 만든다.

부르고뉴는 포도가 자라는 환경 즉 테루아르(Terroir)를 가장 중요하게 생각하기 때문에 포도밭을 토양의 성질과 위치 등을 고려하여 '빌라주(Village)', '프르미에 크뤼(Premier Cru)', '그랑 크뤼(Grand Cru)' 세 가지 등급으로 나누고 있다. 그리고 보르도의 샤토는 포도재배에서 양조, 숙성, 포장을 일괄적으로 처리하지만, 부르고뉴의 포도밭은 주인이 여러 사람이고 규모가 작아서 중간제조업자인 네고시앙(Négociant)에 의해서 와인의 품질이 좌우된다. 그러니까 보르도는 샤토의 명성으로 와인을 선택하고 부르고뉴에서는 네고시앙 명성으로 와인을 선택해야 한다.

② 샤블리(Chablis)

샤블리는 세계 최고의 화이트와인을 생산하는 곳으로 비교적 북쪽에 있어서 와인은 신맛이 강하고 옅은 황금색으로 델리케이트한 맛과 신선하고 깨끗한 뒷맛이 특징이라고 할 수 있다. 전통적으로 화이트와인을 오크통에서 숙성시켰으나, 요즈음 신선한 맛을 강조하기 위해 오크통 숙성기간을 점차 줄이는 경향이 있지만, 고급와인은 여전히 오크통에서 숙성하여 중후한 맛을 풍기고 있다.

③ 코트 드 뉘(Côte de Nuit)

이곳의 최고급 와인을 '부르고뉴의 샹젤리제'라고도 할 정도로 피노 누아로 만든 레드와인은 타의 추종을 불허한다. 스타일마다 미묘한 뉘앙

스를 느낄 수 있고, 환상적인 화려한 맛을 가지고 있는 와인이라고 이야기된다. 유명한 샹베르탱(Chambertin), 로마네 콩티(Romanée Conti) 등이 나오는 곳이며, 로마네 콩티는 세계에서 가장 비싼 와인이라고 할 수 있다.

④ 코트 드 본(Côte de Beaune)

우수한 테루아르(Terroir) 때문에 품질이 좋지만 그 성격도 다양하다. 유명한 코르통(Corton)은 짜임새가 강하고 조화가 잘 되어 있으며 뛰어난 숙성력을 가진 레드와인이며, 세계에서 가장 값이 비싼 화이트와인은 그랑 크뤼(Grand Cru)로서 몽라셰(Montrachet), 코르통 샤를마뉴(Corton Charlemagne) 등이 있다.

⑤ 보졸레(Beaujolais)

보졸레는 기존 레드와인과 전혀 다른 스타일로서, 맛이 가볍고 신선한 레드와인을 빨리 만들어서 빨리 소비하는 와인으로 유명한 곳이다. 보통 늦여름에 수확하여 11월에 시장에 나오는 '보졸레 누보(Beaujolais Nouveau)'는 세계적으로 인기를 얻고 있다. 생산과 소비의 회전이 빠르기 때문에 값이 비싸지 않고 맛이 좋은 대중주로 사랑을 받고 있다.

(6) 기타 지역의 와인

① 알자스(Alsace) 지역

알자스는 북부 내륙지역으로 서늘한 날이 많아서 주로 청포도를 재배하며, 질 좋은 화이트와인의 명산지로 알려져 있다. 이 지역은 옛날부터 독일과 영토분쟁이 심했던 곳으로 독일 영토에 속한 적도 몇 번 있어서 와인 스타일이 독일과 비슷하다. 재배하는 품종도 리슬링, 게뷔르츠트라미너, 피노 블랑 등으로 동일하고, 병 모양도 목이 가늘고 긴 병을 사용한다. 다만 발효방법이 독일과 차이가 있는데, 독일은 발효 중간에 당분을 남기거나 와인에 포도주스를 첨가하여 약간 달게 만들지만, 알자스는 완전히 발효시키므로 드라이 타입이 된다.

② 루아르(Loire) 지역

　대서양 연안 낭트(Nantes)에서 아름다운 루아르 강을 따라 1,000km에 이르는 긴 계곡으로 연결된 와인의 명산지이며, 피서지로서도 유명하다. 이 지역에서 생산되는 와인의 ⅔는 화이트와인이며, 대부분 드라이 타입이다. 사용하는 품종은 소비뇽 블랑, 슈냉 블랑, 그리고 카베르네 프랑 등 레드와인용 품종도 있다.

　대서양 연안의 루아르 강 입구에 있는 페이 낭테(Pays Nantais)는 해산물과 조화를 이루는 '뮈스카데(Muscadet)' 라는 화이트와인이 유명하며, 다양한 와인이 나오는 '앙주 소뮈르(Anjou-Saumur)' 는 앙주(Anjou)의 로제와인, 소뮈르(Saumur)의 레드와인이 좋은 편이며, 내륙에 있는 투렌(Touraine)은 '부브레(Vouvray)', '몽루이(Montlouis)', '부르게이(Bourgueil)', '시농(Chinon)' 등이 유명하다. 가장 인기 있는 와인은 중부 중앙 지역(Centre Nivernais)의 화이트와인으로, 소비뇽 블랑으로 만든 '상세르(Sancerre)', '푸이 퓌메(Pouilly-Fumé)' 라고 할 수 있다.

③ 론(Rhône) 지역

　이곳은 옛날 로마사람들이 포도밭을 조성하여 와인을 만들었으며, 지리적으로 이탈리아와 가깝기 때문에 와인 스타일도 이탈리아와 비슷하다. 프랑스 남부 지중해 연안으로 여름이 덥고, 겨울이 춥지 않으며, 포도밭에 돌이 많기 때문에 낮 동안의 열기를 간직하여 밤이 되어도 지면의 온도가 쉽게 내려가지 않는다. 그렇기 때문에 포도의 당분함량이 높고, 주로 레드와인을 생산하며, 이 레드와인은 색깔이 진하고 묵직하며 프랑스 어느 지역의 와인보다 알코올 함량이 높다. 그래서 고전적인 중후한 레드와인을 좋아하는 사람들은 론 지역의 와인을 부르고뉴나 보르도 와인보다 더 높게 평가한다.

　가장 유명한 곳은 '에르미타주(Hermitage)' 로서 시라를 주품종으로 색깔이 진하고 풍부한 맛이 특징이며, 7~8년 이상 보관하면서 중후한 맛을 즐길 수 있고 좋은 것은 15년 이상 보관할 수 있다. 또 '코트 로티

(Cote Rotie)', '크로즈 에르미타주(Crozes Hermitage)' 역시 시라를 주로 재배하여 맛이 진하고 풍부한 레드와인을 만들고 있다. 남쪽의 '샤토네프 뒤 파프(Chateauneuf du Pape)'는 14세기에 교황 클레멘트 5세가 아비뇽으로 교황청을 옮긴 후, 여름별장으로 사용했던 곳으로 주로 그르나슈(Grenache)로 레드와인을 만들어 유명해진 곳이다. 기타 타벨(Tavel)은 프랑스에서 가장 유명한 로제를 생산한다.

④ 기타

랑그도크 루시옹(Languedoc Roussillon) 혹은 남프랑스(Sud de France)는 프랑스 최대 와인산지로 주로 레드와인이 많고, 프로방스(Provence) 및 코르스(Corse, 코르시카)는 가장 오래된 곳으로 대중적이고 다양한 와인을 생산한다. 그 외 쥐라-사부아(Jura-Savoie)는 포도를 건조시키거나 세리와 같이 효모막을 번식시켜 독특한 와인을 생산한다. 최근에는 남서부 지역(Sud-Ouest)의 강렬한 레드와인이 건강에 좋다는 이유로 각광을 받고 있다.

(7) 샴페인

① 개요

병뚜껑이 '펑' 튀어 나가면서 하얀 거품이 쏟아져 나오는 매혹적인 샴페인은 독특한 맛과 멋도 일품이지만, 서구사회에서는 샴페인이라는 명칭 자체가 결혼, 약혼, 축하 등의 상징적인 의미를 가지고 있다. 그러니까 샴페인을 자주 마시는 사람들은 그만큼 인생이 즐거운 일이 많다는 말도 된다.

② 샴페인의 유래

샹파뉴 지역은 프랑스에서 포도가 재배되는 지역 중 가장 추운 곳이다. 그래서 이곳은 신맛이 강한 드라이 화이트와인과 별 특징 없는 레드와인을 생산하는 지역이었으나 250년 전부터 발포성 와인 즉, 거품 나는 와인을 만들면서 이름이 알려지기 시작하였다. 당시에는 당분이나 알코

올의 측정방법이 발달되지 않았고, 추운 북쪽 지역에서는 추위가 빨리 오기 때문에 당분이 남아있는 상태에서 와인을 병에 넣는 일이 많았다. 당분이 남아있는 와인은 추운 겨울에는 별 변화가 없지만, 봄이 되어 온도가 올라가기 시작하면 다시 발효가 일어나면서 탄산가스가 생성되어 병 속의 압력이 증가하여 병이 폭발하거나 병뚜껑이 날아가 버린다. 이 현상을 이용하여 일부러 병에서 발효가 일어나 거품이 나게 만든 것이 샴페인이다.

③ 샴페인 제조

샴페인은 완성된 와인으로 만든다. 발효가 끝나고 맑게 여과한 와인에 설탕과 효모(Yeast)를 넣어 혼합한 다음, 병에 넣어서 시원한 곳에 두면 서서히 발효가 일어나면서 탄산가스가 병에 가득차게 된다. 보통 발효는 두 세 달이면 다 되지만 더 시원한 곳으로 옮겨 몇 년을 숙성시키는데, 이 때 샴페인은 이스트 찌꺼기와 오랜 시간 접촉하면서 샴페인 고유의 독특한 맛과 향을 얻게 된다. 이렇게 만든 샴페인은 향기롭고 탄산가스가 가득 찬 와인으로서 손색이 없지만 찌꺼기가 남아 있어서 상품으로서 가치가 없다. 탄산가스의 손실이 없게 찌꺼기를 제거해야 한다. 이 찌꺼기를 제거하는 과정이 샴페인을 만드는데 가장 까다로우면서 또 상징적인 작업이기도 하다.

먼저 구멍 뚫린 경사진 나무판에 병을 거꾸로 박아놓고 손으로 병을 돌려주면 찌꺼기가 뭉치면서 병 입구로 모이게 되는데, 한 달 이상 이 작업을 계속해야 한다. 이 병을 거꾸로 세워서 병 입구쪽만 얼리면 찌꺼기가 있는 부분이 얼게 되므로 이 때 병마개를 열면 탄산가스의 압력 때문에 찌꺼기를 포함한 얼음이 밀려나오게 된다. 즉시 모자라는 양을 설탕물이나 다른 샴페인으로 보충한 다음 코르크마개로 밀봉하고 다시 철사줄로 고정시켜 제품을 완성한다.

그러니까 샴페인은 와인을 두 번 만든 것이다. 완성된 와인에 설탕과 효모(Yeast)를 넣어서 병에서 다시 발효시켜, 탄산가스를 가득차게 만들

어 일정기간 숙성시킨 다음 찌꺼기를 제거한다.

④ 샴페인의 개봉

이렇게 정성들여 만든 술을 흔들어서 공중에 날려버리고, 낭비하는 일은 바람직하지 않다. 그래서 샴페인은 소리가 나지 않도록 조심스럽게 코르크를 제거하고, 글라스에 따를 때도 조심스럽게 거품이 넘치지 않도록 따르는 것이 좋다. 가장 많이 쓰이는 글라스는 길쭉한 튤립 모양이나 긴 플루트 모양이다. 가끔은 넓고 바닥이 낮은 글라스도 사용되지만, 긴 튤립모양의 글라스가 위쪽이 좁아서 글라스를 입에 댈 때 거품을 조절할 수 있다. 플루트 모양의 글라스는 조심스럽게 다루지 않으면 거품이 넘칠 우려가 있다.

⑤ 샴페인 선택

샴페인은 여러 품종의 포도가 섞이고, 서로 다른 지역의 포도가 혼합되므로, 생산지역보다는 제조회사가 중요하다. 또 같은 메이커라면, 좋은 포도밭에서 생산된 가장 좋은 포도를 사용한 것, 포도에서 즙을 짤 때 첫 번째 나오는 주스만 사용한 것, 병에서 오랫동안 숙성시킨 것, 빈티지가 표시된 샴페인 등을 선택하는 것이 좋다. 그러나 무엇보다도 와인 자체가 수정같이 맑고 윤기가 있으며, 글라스에 채운 다음 살펴볼 때 거품의 크기가 작고, 거품이 올라오는 시간이 오래 지속되는 시각적 즐거움을 주는 것이 최고라고 할 수 있다.

  **적중예상문제**

01. 다음 중 프랑스 와인품질관리 체계에 해당하지 않는 것은?
① Vin de Pays   ② Vino da Tavola
③ AOC   ④ VDQS

02. 다음 프랑스 와인 중 가장 고급이라고 할 수 있는 것은?
① Vin de Pays   ② Vin de Table
③ AOC   ④ VDQS

03. VDQS 의 규제 내용이 아닌 것은?
① 와인재배지역   ② 포도의 재배방법
③ 생산량 무제한   ④ 제조과정

 해설 VDQS 규제내용
  1. 포도재배지역   2. 포도의 재배방법
  3. 생산량 제한   4. 제조과정
  5. 알코올 함유량

04. '거라지 와인(Garage wine)' 이란 어떤 것인지 다음 중 옳게 설명한 것은?
① 알려지지 않은 소규모 농가에서 전통적인 방법으로 만들어 맛이 좋으면서 값싼 와인
② 포도재배나 양조과정에서 철저한 관리로 나오는 소량 고품질의 비싼 와인
③ 현대적인 시설을 갖추고 과학적으로 만들어 큰 병이나 박스에 넣어서 아주 싸게 팔리는 대중적인 와인
④ 역사가 오래된 고급 샤토에서 100년 이상 저장하고 있는 고가 와인

 정답 01. ②   02. ③   03. ③   04. ②

05. 프랑스 AOC 제도를 관리하는 기구는?

① INAO ② ONIVINS

③ BATF ④ OIV

06. 프랑스의 '국립원산지명칭 및 품질위원회(INAO)' 에서 와인의 원산지 관리를 시작한 해는?

① 1925년 ② 1930년

③ 1935년 ④ 1940년

07. 프랑스 AOC 규정에 해당되지 않는 내용은?

① 포도재배지역 ② 포도재배방법

③ 와인 숙성기간 ④ 단위면적당 생산량 제한

해설 AOC 규정 내용

    1. 와인재배지역   2. 포도의 재배방법

    3. 단위면적당 생산량 제한   4. 최저 알코올 함유량

    5. 포도품종 및 당분함유량   6. 양조과정

08. 프랑스의 AOC 와인부터 뱅 드 타블(Vins de Table)에 이르기까지 모든 와인 상표에 반드시 표시해야 할 사항은?

① 병의 용량과 알코올 도수 ② 수확년도와 알코올 도수

③ 수확년도와 병의 용량 ④ 포도밭 소유자의 명칭과 주소

09. 다음 프랑스의 와인산지 중에 가장 남쪽에 위치한 지역은?

① 보르도(Bordeaux)

② 부르고뉴(Bourgogne)

③ 랑그도크 루시옹(Languedoc Roussillon)

④ 알자스(Alsace)

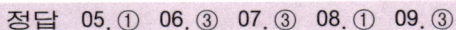

정답 **05.** ① **06.** ③ **07.** ③ **08.** ① **09.** ③

10. 다음 프랑스 와인산지 중 동남부 지역에 위치한 지역은?

① 보르도(Bordeaux)　　　　　② 알자스(Alsace)

③ 론(Rhône)　　　　　　　　④ 루아르(Loire)

11. 보르도(Bordeaux) 와인생산 지역을 지롱드 강과 가론 강을 중심으로 나눌 경우 좌안(Left bank)에 해당되지 않은 지역은?

① 메도크(Médoc)　　　　　　② 그라브(Graves)

③ 소테른(Sauternes)　　　　　④ 포므롤(Pomerol)

12. 보르도(Bordeaux) 지역을 대표하는 3대 포도품종이 아닌 것은?

① 메를로(Merlot)

② 카베르네 소비뇽(Cabernet Sauvignon)

③ 카베르네 프랑(Cabernet Franc)

④ 가메(Gamay)

13. 프랑스 보르도(Bordeaux) 지역에서 가장 많이 재배되는 레드와인 품종은?

① 카베르네 소비뇽(Cabernet Sauvignon)

② 메를로(Merlot)

③ 피노 누아(Pinot Noir)

④ 시라(Syrah)

14. 다음 화이트와인용 포도 중에서 보르도 AOC 규정상 인정되지 않는 품종은?

① 소비뇽 블랑(Sauvignon Blanc)　　② 세미용(Sémillon)

③ 뮈스카델(Muscadelle)　　　　　④ 샤르도네(Chardonnay)

정답　10. ③　11. ④　12. ④　13. ②　14. ④

15. 프랑스 와인 상표에 기재된 '미 정 부테이유 오 샤토(Mis en bouteilles au Château)' 라는 문장은 무슨 뜻일까?

① 해당 샤토에서 나오는 최고의 와인이라는 뜻

② 해당 샤토에서 포도재배, 양조 및 주병을 했다는 뜻

③ 해당 샤토에서 OEM(주문자 상표) 방식으로 만든 와인이란 뜻

④ 해당 샤토에서 네고시앙에게 의뢰하여 만든 와인이라는 뜻

16. 오메도크(Haut-Médoc) 지역의 6대 마을이 아닌 것은?

① 생테스테프(Saint-Estèphe)   ② 포이약(Pauillac)

③ 리스트락(Listrac)   ④ 포므롤(Pomerol)

> **해설** 오메도크(Haut-Médoc) 지역의 6대 마을은 생테스테프(Saint-Estèphe), 포이약(Pauillac), 생줄리앙(Saint-Julien), 리스트락(Listrac), 물리(Moulis), 마고(Margaux)이다.

17. 다음 중 보르도(Bordeaux)의 메도크(Médoc) 지역에 AOC가 아닌 것은?

① 생테스테프(Saint-Estèphe)   ② 포이약(Pauillac)

③ 페삭 레오냥(Pessac Léognan)   ④ 생줄리앙(Saint-Julien)

18. 1855년에 정한 보르도의 그랑 크뤼 클라세(Grand Cru Classe) 1등급 샤토 와인이 아닌 것은?

① 오브리옹(Château Haut-Brion)   ② 라투르(Château Latour)

③ 마고(Château Margaux)   ④ 슈발 블랑(Château Cheval Blanc)

19. 보르도(Bordeaux)에서 크뤼 부르주아(Cru Bourgeois)란 무엇을 말하는가?

① 그랑 크뤼 클라세에 속하지 못한 샤토를 1932년부터 따로 분류하여 부르는 명칭

② 귀족 명의 샤토로서 유구한 역사, 문화적 배경, 면적 등 일정 조건을 갖

정답   15. ②   16. ④   17. ③   18. ④   19. ①

춘 샤토를 부르는 명칭

③ 외국인이 소유로서 일정 면적 이상의 포도밭을 소유한 샤토의 명칭

④ 귀족 소유의 샤토로서 프랑스 혁명 때 농민에게 불하된 샤토의 명칭

20. 보르도(Bordeaux)에서 '세컨드 와인(Second Wine)' 혹은 '스콩 뱅(Second Vin)' 이라고 하는 것은 무엇을 말하는가?

① 1855년 그랑 크뤼 클라세 2등급 와인

② 2등급 와인 중에서 1등급 와인보다 더 비싼 값을 받는 와인

③ 약간 질이 떨어지는 와인에 다른 상표를 붙여서 파는 와인

④ 두 번째 수확한 포도로 만든 와인

21. 다음 설명은 보르도(Bordeaux) 지역의 샤토 와인 중 어떤 와인을 뜻하는가?

> 라벨에 탑 그림이 있는데 이는 지롱드 강을 거슬러 올라오는 해적들을 막기 위해 조성된 성채의 일부로 백년전쟁에 황폐해진 성으로 탑 부분만 유일하게 남아있다. 1962년 영국 기업이 매입하여 스테인리스스틸 탱크를 도입하였고, 발효 후에는 새로운 오크통만 사용하고 10년 이상된 포도나무에서 수확된 포도만을 사용하는 등 엄격한 규율을 만들어 적용하였다.

① 샤토 라피트 로칠드(Château Lafite Rothschild)

② 샤토 무통 로칠드(Château Mouton Rothschild)

③ 샤토 마고(Château Margaux)

④ 샤토 라투르(Château Latour)

22. 다음 설명은 보르도(Bordeaux) 지역의 샤토 와인 중 어떤 와인을 뜻하는가?

> 장엄한 그리스 신전 느낌을 주는 현재의 샤토는 중요 기념 건축물로 지정되어 있고, 헤밍웨이가 샤토에 머물면서 선호했던 와인으로 자신의 손녀딸 이름도 이 샤토의 이름에서 딴 것이다.

 정답 20.③ 21.④ 22.③

① 샤토 라피트 로칠드(Château Lafite Rothschild)

② 샤토 무통 로칠드(Château Mouton Rothschild)

③ 샤토 마고(Château Margaux)

④ 샤토 라투르(Château Latour)

23. 다음 설명은 보르도(Bordeaux) 지역의 샤토 와인 중 어떤 와인을 뜻하는가?

> 1350년 창설된 이래 소유주가 자주 바뀐 이 샤토는 1853년 영국의 실업가 로스차일드가 3남이 사들였다. 2년 후 첫 샤토 등급 부여 시 2등급에 랭크되었고, 1922년 20세 나이로 경영권을 인수받은 필립이 장기간 고급 와인을 생산하면서 1973년 1등급으로 승격되었다.

① 샤토 라피트 로칠드(Château Lafite Rothschild)

② 샤토 무통 로칠드(Château Mouton Rothschild)

③ 샤토 마고(Château Margaux)

④ 샤토 라투르(Château Latour)

24. 그라브(Graves) 지역에서 1987년 고급 와인 산지인 북부 지역만 따로 분리하여 만든 AOC는?

① 그라브 슈페리에(Grave Supérieures)

② 크뤼 클라세 드 그라브(Crus Classé de Graves)

③ 페삭 레오냥(Pessac Léognan)

④ 그라브 드 베르(Graves de Vayres)

25. 소테른(Sauternes) 지역의 주요 포도품종은 무엇인가?

① 세미용-(Sémillon)   ② 슈냉 블랑(Chenin Blanc)

③ 샤르도네(Chardonnay)   ④ 리슬링(Riesling)

🍷해설 소테른(Sauternes) 지역의 주요 포도품종은 세미용(Sémillon)으로 80%이다.

🍷 정답 23. ② 24. ③ 25. ①

26. 소테른 지역에서 귀부현상으로 인해 천연감미 와인을 생산하는 포도품종이 아닌 것은?

① 뮈스카델(Muscadelle) ② 소비뇽 블랑(Sauvignon Blanc)

③ 말베크(Malbec) ④ 세미용(Sémillon)

27. 다음 중 보트리티스 시네레아(Botrytis cinerea) 곰팡이가 낀 포도로 스위트 와인을 만드는데 적합한 환경은?

① 강우량이 적고 일조량이 많아서 포도를 건조시켜 농축시킬 수 있는 곳

② 온도가 높고 강우량이 많은 습한 지역으로 곰팡이가 잘 끼는 곳

③ 아침에는 안개, 낮에는 강한 햇볕이 내리쬐는 곳

④ 서늘하고 건조한 지역으로 포도가 알맞게 잘 익는 곳

28. 다음 프랑스의 보르도(Bordeaux) 지역에서 스위트 화이트와인 생산지로 가장 유명한 지역은?

① 메도크(Médoc) ② 소테른(Sauternes)

③ 생테밀리옹(Saint-Émilion) ④ 그라브(Graves)

해설 보르도 지역 유명산지

지 역	생산 와인 종류
메도크(Médoc)	레드와인 생산
포므롤(Pomerol)	레드와인 생산
생테밀리옹(Saint-Émilion)	레드와인 생산
그라브(Graves)	레드와인, 화이트와인 생산
소테른(Sauternes)	스위트 화이트와인 생산

29. 다음 중 바르삭(Barsac)지역에서 생산되는 와인의 종류는?

① 드라이 레드와인 ② 드라이 화이트와인

③ 스위트 화이트와인 ④ 스파클링 와인

정답 26. ③ 27. ③ 28. ② 29. ③

30. 다음 중 포므롤(Pomerol) 샤토의 등급에 해당되는 용어는?

① 프르미에 크뤼(Premier Crus)

② 그랑 크뤼 클라세(Grands Crus Classé)

③ 그랑 크뤼(Grands Crus)

④ 등급이 없음

31. 생테밀리옹(Saint-Émilion)지역의 유명한 와인이 아닌 것은?

① 샤토 파비(Château Pavie)

② 샤토 보세주르(Château Beauséjour)

③ 샤토 페트뤼스(Château Petrus)

④ 샤토 오존(Château Ausone)

32. 격년제로 프랑스 보르도(Bordeaux)에서 열리는 세계 와인전시회 이름은?

① VINEXPO ② Wines & Spirits Challenge

③ France Wine Exhibition ④ Vin de France Salon

33. 주병하기 전 상태 즉, 아직 오크통에서 숙성되고 있는 와인을 꺼내어 테이스팅을 거친 후에 미리 판매되는 것을 무엇이라고 하는가?

① 엉 프리뫼르(En Primeur)

② 크뤼 부르주아(Cru Bourgeois)

③ 세컨드 와인(Second Wine, Second Vin)

④ 슈퍼 세컨드(Super second)

34. 다음 중 부르고뉴(Bourgogne)에서 재배되는 품종이 아닌 것은?

① 샤르도네(Chardonnay) ② 피노 누아(Pinot Noir)

③ 가메(Gamay) ④ 메를로(Merlot)

정답 **30.** ④ **31.** ③ **32.** ① **33.** ① **34.** ④

35. 부르고뉴(Bourgogne) 지역에서 레드와인의 주요 포도품종은 무엇인가?

① 카베르네 소비뇽(Cabernet Sauvignon)

② 카베르네 프랑(Cabernet Franc)

③ 가메(Gamay)

④ 피노 누아(Pinot Noir)

36. 부르고뉴(Bourgogne) 지역에서 화이트와인의 주요 포도품종은 무엇인가?

① 소비뇽 블랑(Sauvignon Blanc) ② 슈냉 블랑(Chenin Blanc)

③ 샤르도네(Chardonnay) ④ 세미용(Sémillon)

37. 다음 중 크레망 드 부르고뉴(Crémant de Bourgogne) AOC에 사용할 수 없는 품종은?

① 소비뇽 블랑(Sauvignon Blanc)

② 샤르도네(Chardonnay)

③ 피노 누아(Pinot Noir)

④ 피노 블랑(Pinot Blanc)

38. 다음 중 부르고뉴(Bourgogne)의 테루아르(Terroir)의 설명으로 가장 알맞은 것은?

① 서늘한 기후와 석회암 ② 따뜻한 기후와 편마암

③ 풍부한 일조량과 화산암 ④ 건조하고 더운 기후와 모래 토양

39. 테루아르(Terroir)라는 개념을 가장 잘 반영하는 프랑스의 와인산지는?

① 코트 뒤 론(Côtes du Rhône) ② 부르고뉴(Bourgogne)

③ 보르도(Bordeaux) ④ 알자스(Alsace)

정답 35. ④ 36. ③ 37. ① 38. ① 39. ②

40. 부르고뉴(Bourgogne)에서 네고시앙의 역할이 중요한 이유는?

　① 수도승 출신이 많기 때문　　② 테루아르가 우수하기 때문

　③ 판촉 수단이 좋기 때문　　④ 와인을 만들기 때문

41. 다음 중 네고시앙(Négociant)의 설명으로 가장 알맞은 것은?

　① 포도를 구입하여 와인을 제조하거나 반제품 상태의 와인을 완성품으로 만들어 자신의 상호로 판매하는 업자

　② 소규모 업자와 중간 상인을 중개하는 업자로 출발하여 샤토 와인의 판매, 수출까지 중개하는 업자

　③ 양조시설이 없는 소규모 농가의 포도를 수집하여 샤토에 판매하거나 소규모 제조업체의 와인의 수출을 대행하는 업체

　④ 보르도에 있는 샤토의 조합으로 각 샤토의 포도재배, 와인제조, 판매 등의 편이를 위해서 공동으로 해외 마케팅을 하는 단체

42. 부르고뉴(Bourgogne) 와인 상표에 '모노폴(Monopole)' 이라고 표시된 것은 무엇을 말하는가?

　① 주 정부 소유의 포도밭에서 나오는 와인

　② 하나의 포도밭을 하나의 업체가 가지고 있는 경우

　③ 한 업체에서 한 종류의 와인만을 생산하는 경우

　④ 수도원 소유의 포도밭에서 나오는 와인

43. 다음 중 론, 쥐라, 사부아 인근에 있는 와인 생산지역으로, 어깨부분이 아래로 흘러내린 유형이라 sloping shouldered bottle이라고도 불리는 병을 사용하는 곳은?

　① 부르고뉴(Bourgogne)　　② 보르도(Bordeaux)

　③ 라인헤센(Rheinhessen)　　④ 라인팔츠(Rheinpfaze)

정답　40.④　41.①　42.②　43.①

44. 부르고뉴(Bourgogne) 지역의 와인등급이 아닌 것은?

① Village   ② Premier Cru

③ Supérier Cru   ④ Grand Cru

45. 다음 중 부르고뉴(Bourgogne) 와인 생산지역이 아닌 곳은?

① 샤블리(Chablis)   ② 코트 도르(Côte d'Or)

③ 코트 샬로네즈(Côte Châlonnaise) ④ 앙주(Anjou)

46. 다음 부르고뉴(Bourgogne) 와인 생산지역 중 화이트와인만 생산하는 곳은?

① 샤블리(Chablis)   ② 코트 도르(Cotê d'Or)

③ 코트 샬로네즈(Cotê Chalônnaise) ④ 보졸레(Beaujolais)

47. 샤블리(Chablis) 와인의 4개 등급에 속하지 않는 것은?

① Chablis Grand Cru   ② Chablis Premier Cru

③ Chablis Supérier Cru   ④ Petit Chablis

48. 프랑스의 로마네 콩티(Romanée Conti)는 어느 품종을 100%사용하여 만들었는가?

① 샤르도네(Chardonnay)

② 카베르네 소비뇽(Cabernet Sauvignon)

③ 말베크(Malbec)

④ 피노 누아(Pinot Noir)

49. 코트 드 본(Côtes de Beaune) 지역에서 화이트와인의 언덕마을(Côte de Blancs)로 부르기도 하는 마을 3곳에 포함되지 않는 곳은?

정답   44. ③   45. ④   46. ①   47. ③   48. ④   49. ④

① 몽라세(Montrachet)

② 뫼르소(Meursault)

③ 코르통 샤를마뉴(Corton Charlemagne)

④ 상트네(Santenay)

해설 화이트와인으로 이름있는 몽라세(Montrachet), 뫼르소(Meursault) 및 코르통 샤를마뉴(Corton Charlemagne)의 세 와인이 또한 이곳에 속한다. 모두 샤르도네 (Chardonnay) 포도품종으로 훌륭한 와인을 빚는 산지이기도 하다. 이 세 곳을 하나로 지칭해서 '화이트와인의 언덕마을(Côte de Blancs)' 이라 부르기도 한다.

50. 보졸레(Beaujolais) 와인이 유명한 이유는?

① 품질이 뛰어나기 때문에

② 덜 익은 포도로 와인을 만들기 때문에

③ 그 해 수확하여 만든 와인을 그 해에 팔기 때문에

④ 장기 보관이 가능한 와인을 만들기 때문에

51. 보졸레 누보(Beaujolais Nouveau)에서 '누보(Nouveau)' 를 영어로 번역한다면?

① Fresh   ② New

③ Best   ④ Quality

52. 보졸레 누보(Beaujolais Nouveau)에 대한 설명 중 틀린 것은?

① 보졸레 누보(Beaujolais Nouveau)라는 명칭은 일정기준에 대해 엄격한 심사를 통과한 보졸레(Beaujolais) 지역의 햇 와인에만 사용이 가능하다.

② 11월 세번째 목요일에 일제히 세계적으로 판매한다.

③ 4~5주간의 단기숙성과정을 거쳐 여과, 주병 된다.

④ 포도품종은 말베크(Malbec)이다.

해설 보졸레 누보(Beaujolais Nouveau)의 포도품종은 가메(Gamay)이다.

53. AOC 제정 당시부터 상표에 포도품종을 표시하는 지역은?

① 보르도(Bordeaux) ② 론(Rhône)

③ 샹파뉴(Champagne) ④ 알자스(Alsace)

54. 다음은 프랑스 어느 지역에 대한 설명인가?

> 독일과 라인강을 사이에 두고 국경을 접하고 있어 중부유럽의 여름에는 덥지 않은 기후로 인하여 대부분 화이트와인을 생산한다. 프랑스 와인 생산지역 중에서 화이트와인을 가장 많이 생산하고 있는데, AOC 화이트와인의 약 20%를 생산한다. 포도재배업자들은 대부분 영세하여 직접와인을 만들지 않고 중간도매업자에게 팔고 그들의 이름으로 생산, 포장, 판매를 맡아서 한다.

① 론(Rhône) ② 루아르(Loire)

③ 알자스(Alsace) ④ 코트 뒤 론(Côtes du Rhône)

55. 루아르(Loire) 지역의 앙주(Anjou)를 유명하게 만든 와인은?

① 레드와인 ② 화이트와인

③ 로제와인 ④ 스파클링 와인

56. 프랑스 지도에서 론(Rhône) 지방은 어느 방향에 있는가?

① 북서쪽 ② 북동쪽

③ 남서쪽 ④ 남동쪽

57. 론(Rhône) 지역에서 재배되는 품종이 아닌 것은?

① 시라(Syrah) ② 그르나슈(Grenache)

③ 카리냥(Carignan) ④ 리슬링(Riesling)

정답 53. ④ 54. ③ 55. ③ 56. ④ 57. ④

58. 론(Rhône) 지역에서 14세기 교황의 별장으로 사용하여 유명해진 와인 산지는?

① 에르미타주(Hermitage)

② 샤토네프 뒤 파프(Châteauneuf du Pape)

③ 지공다스(Gigondas)

④ 코트 로티(Côte Rôtie)

59. 다음 프랑스 와인 생산지역 중 묵직하고 진한 레드와인을 주로 생산하는 곳은?

① 알자스(Alsace)　　　　　② 루아르(Loire)

③ 쥐라(Juar)　　　　　　　④ 론(Rhône)

60. 프랑스 와인 상표에 'Vin de Pays d'Oc' 이라고 표시가 된 것은 어느 지역 와인인가?

① 랑그도크 루시용(Languedoc Roussillon)

② 보르도(Bordeaux) 및 코냑(Cognac)

③ 론(Rhône) 일부, 프로방스(Provence), 코르스(Corse)

④ 남서부 지역(Sud-Ouest)

61. 프랑스 남부지역에서 많이 생산되는 VDN(Vin Doux Naturel)이란 무엇을 말하는가?

① 과즙에 알코올을 첨가하여 알코올 함량이 15~22%정도의 달콤한 리큐어

② 포도를 수확하여 2~3개월 건조시킨 다음에 만든 스위트 와인

③ 발효 도중에 알코올을 부어 알코올 농도를 높인 스위트 와인

④ 나무통에 가득 채우지 않고 효모막을 형성시켜 일부러 산화시킨 스위트 와인

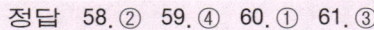 정답　58. ②　59. ④　60. ①　61. ③

62. 프랑스에서 2.5기압 이하인 약 스파클링 와인을 총칭하는 표현은?

① 샹파뉴(Champagne)　　　　② 뱅 무쉐(Vin Mousseux)

③ 크레망(Crémant)　　　　　④ 페티앙(Pétillant)

63. 다음 중 샴페인에 사용하는 품종이 아닌 것은?

① 샤르도네(Chardonnay)　　　② 피노 뫼니에(Pinot Meunier)

③ 피노 누아(Pinot Noir)　　　④ 피노 그리(Pinot Gris)

64. 샴페인 병에 '블랑 드 블랑(Blanc de Blancs)' 이라는 문구가 있는 경우, 사용한 품종은?

① 샤르도네(Chardonnay)　　　② 소비뇽 블랑(Sauvignon Blanc)

③ 피노 누아(Pinot Noir)　　　④ 피노 뫼니에(Pinot Meunier)

65. 샴페인 고유의 토스트 향은 어디서 나오는가?

① 효모가 분해되어　　　　　　② 사용하는 포도 자체의 향

③ 오크통에서 숙성되면서　　　④ 1차 발효 때 가열에 의해서

66. 샴페인 제조과정 중 코르크를 밀봉하기 전에 와인에 감미조정액을 보충하는 과정을 무엇이라고 하는가?

① 데고르주망(Dégorgement)　② 르뮈아주(Remuage)

③ 도자주(Dosage)　　　　　　④ 퀴베(Cuvée)

67. 다음 샴페인의 당도를 나타내는 용어 중에서 가장 당도가 낮은 것은?

① 브뤼(Brut)　　　　　　　　② 엑스트라 드라이(Extra dry)

③ 섹(Sec)　　　　　　　　　④ 두(Doux)

정답　62. ④　63. ④　64. ①　65. ①　66. ③　67. ①

68. 다음 샴페인의 당도를 나타내는 용어 중에서 가장 당도가 높은 것은?

① 부뤼(Brut)   ② 섹(Sec)

③ 두(Doux)   ④ 데미 섹(Demi Sec)

69. 샴페인보다 가스압력이 낮은 3.5~4.0기압으로, 부르고뉴, 알자스 등에서 만드는 스파클링 와인을 지칭하는 표현은?

① 샹파뉴(Champagne)   ② 뱅 무쉐(Vin Mousseux)

③ 크레망(Cremant)   ④ 페티앙(Pétillant)

70. 프랑스 샹파뉴(Champagne) 지역에서 병내 2차 발효로 만들어진 와인만 샴페인이라 부른다. 샴페인은 보통 몇 기압 이상의 와인인가?

① 1~2기압   ② 3~4기압

③ 5~6기압   ④ 7~8기압

71. 다음 중 고급 샴페인의 기준에 해당되지 않은 것은?

① 포도에서 즙을 짤 때 첫 번째 나오는 주스만 사용한 것

② 글라스에서 거품의 크기가 작고 올라오는 시간이 오래 지속되는 것

③ 1등급 포도밭에서 생산된 가장 좋은 포도를 사용한 것

④ 알코올 농도가 높은 것

72. 스파클링 와인 중에서 병돌리기 작업을 무엇이라고 하는가?

① 르뮈아주(Remuage)   ② 데고르주망(Dégorgement)

③ 아상블라주(Assemblage)   ④ 방당주(Vendange)

해설 ① 병돌리기 ② 앙금제거 ③ 혼합 ④ 수확

정답   68. ③   69. ③   70. ③   71. ④   72. ①

73. 스파클링 와인 제조과정에서 각기 다른 와인의 품질상태를 정확히 파악하여 자기회사의 전통적인 맛과 향기를 창출해내기 위하여 블렌딩하는 과정을 무엇이라고 하는가?

① 르뮈아주(Remuage)　　　② 데고르주망(Dégorgement)
③ 아상블라주(Assemblage)　④ 방당주(Vendange)

74. 샴페인 양조시 2차 발효가 끝난 뒤 병을 거꾸로 세워서 걸어놓을 수 있는 선반은?

① 비닝(Binning)　　　　　② 퀴베 클로스(Cuvée Close)
③ 프룩토스(Fructose)　　　④ 퓌피트르(Pupitre)

　해설 ① 와인 병을 숙성시키기 위해 눕혀서 보관하는 것
　　　② 샴페인 양조과정에서 스파클링 와인을 2차 발효 전 블렌딩 한 것
　　　③ 과당

75. 샴페인을 투명하게 만드는 기법인 르뮈아주를 개발한 사람은?

① 동 페리뇽　　　　　　　② 뵈브 클리코 여사
③ 실비우스　　　　　　　④ 마틴

　해설 ① 샴페인 고안

76. 다음 중 최초로 샴페인을 만들었다고 알려진 사람은 누구인가?

① 동 페리뇽　　　　　　　② 실비우스
③ 칼빈　　　　　　　　　④ 디오니소스

2. 독일 와인

(1) 개요

독일은 포도재배의 북방 한계점으로 전반적으로 날씨가 춥고 일조량이 많지 않기 때문에 포도가 잘 자랄 수 있는 남서쪽 라인 강가의 가파른 언덕 지대에서 주로 화이트와인을 생산하고 있다. 그렇지만 이곳의 화이트와인은 옛날부터 이름이 알려져 있고, 특히 라인(Rhein)과 모젤(Mosel) 와인은 세계적으로 유명하다. 독일의 화이트와인은 알코올 함량이 낮고(8~11%), 신선하며 균형 잡힌 맛에 가격도 비싸지 않아 가장 마시기 좋은 와인이라고 할 수 있다.

(2) 와인 스타일

날씨가 춥고 일조량이 부족하기 때문에 포도의 당분함량이 낮고, 산도가 높다. 그러므로 값싼 와인을 만들 때는 발효 전에 포도주스(Süssreserve)에 설탕을 넣어서, 발효 후 와인의 알코올 함량을 높인다. 그렇지만 고급와인 제조 시에는 설탕을 넣는 것이 금지되어 있다. 또, 발효가 완전히 끝난 와인에 포도주스를 섞기도 하는데, 이렇게 하면 와인의 단맛이 증가하고 알코올 농도는 낮아진다. 따라서 맛이 달고 포도의 신선한 향을 지니는 부드러운 와인이 된다. 사용하는 품종은 독일 와인을 상징하는 향기로운 리슬링(Riesling)과 가볍고 대중적인 질바너(Silvaner), 산도가 낮아 가장 많이 재배되는 밀러 투르가우(Müller Thurgau), 개성이 강한 게뷔르츠트라미너(Gewürztraminer) 등이며, 끊임없이 기후와 토양에 적합한 새로운 품종이 개발되고 있다.

(3) 품질 등급

독일은 프랑스와 같이 포도밭의 테루아르(Terroir)로 등급을 정하지 않고,

수확시 포도의 성숙도(당도)에 따라 등급을 매긴 것으로 이 기준은 지역과 품종에 따라 약간 달라진다.

① 타펠바인(Tafelwein)

가장 낮은 등급으로 재배지 구분이 없다(EU 구역 내 포도 사용 가능).

② 도이처 타펠바인(Deutscher Tafelwein)

독일산 포도로 만든 테이블와인으로 발효 전에 설탕을 첨가할 수 있다.

③ 란트바인(Landwein)

타펠바인의 높은 등급으로 19개 재배지역이 정해져 있다. 1982년에 프랑스 뱅 드 페이(Vin de Pays)를 모방하여 도입한 것이다. 발효 전에 설탕을 첨가할 수 있지만 농축과즙은 첨가하지 못한다.

④ 크발리태츠바인 베스팀터 안바우게비테(QbA, Qualitatswein bestimmter Anbaugebiete)

특정지역에서 생산되는 고급와인이란 뜻으로, 법률로 정한 13개 지역에서 생산되는 와인이다. 독일 와인 중 가장 생산량이 많으며, 기후가 좋지 않은 해에는 알코올 농도를 높이기 위해 허가를 받아 설탕을 첨가하거나 포도주스(Sussreserve)를 넣을 수 있다.

⑤ 프래디카츠바인(Pradikatswein)

특징이 있는 고급 와인이란 뜻으로 발효 전에 포도주스에 설탕을 첨가하지 못하지만, 특별한 경우에는 보관한 포도주스(Sussreserve)를 넣을 수 있다. 보통 잔당이 있을 때 발효를 중단하여 달게 만든다. 이 등급은 다음과 같이 여섯 개로 나뉜다.

㉠ 카비네트(Kabinett)

가볍고 약간 스위트한 와인으로 프래디카츠바인의 기본급이다.

㉡ 스패트레제(Spatlese)

늦게 수확하여 만든 와인이란 뜻으로 정상적인 수확기를 지나 당도가 높아진 다음 수확한 포도로 만든 와인이다.

ⓒ 아우스레제(Auslese)

선택적으로 과숙한 포도만을 수확하여 만든 와인이란 뜻으로 완전히 익어야 하고 썩거나 상한 것이 없어야 한다.

ⓔ 베렌아우스레제(Beerenauslese)

잘 익은 포도 알맹이만을 선택적으로 수확하여 만든 와인이란 뜻이다. 보통 스위트 와인이 된다.

ⓜ 아이스바인(Eiswein)

포도나무에 매달아 놓은 채 겨울까지 기다린 다음 포도를 얼러서 해동시키지 않고 즙을 짜서 만든 와인이다.

ⓗ 트로켄베렌아우스레제(Trockenbeerenauslese, TBA)

보트리티스 시네레아(Botrytis cinerea) 곰팡이가 낀 포도를 건포도와 같이 열매를 건조시킨 다음에 하나씩 수확하여 만든 와인으로 스위트 와인이 된다.

(4) 유명한 와인산지

가장 유명한 모젤(Mosel)은 독일와인의 15%정도를 생산하고 있으며, 가볍고 신선한 맛으로 목이 긴 녹색병을 사용한다. 라인가우(Rheingau)는 모젤(Mosel) 지역과 함께 세계적으로 유명한 화이트와인을 생산하는데, 모젤와인보다 알코올 함량이 높고 원숙한 맛이 특징이고, 라인 와인(Rhein Wine)이라 부르기도 하며, 목이 긴 갈색병을 사용한다. 그 외 대량 생산지역인 라인헤센(Rheinhessen)과 팔츠(Pfalz)는 각각 독일와인의 20%를 생산한다.

그 밖에 나헤(Nahe), 바덴(Baden), 프랑켄(Franken), 뷔르템베르크(Wurttemberg), 아르(Ahr), 텔라인(Mittelrhein), 헤시셔 베르크스트라세(Hessische Bergstrasse), 잘레 운스트루트(Saale-Unstrut), 작센 Sachsen) 등 13개 지역으로 되어 있다.

(5) 독일와인의 선택기준

　독일와인은 무엇보다도 포도 재배지역을 보고 선택해야 하며, 모젤 (Mosel)이나 라인가우(Rheingau)의 것을 선택하는 것이 좋다. 다음은 리슬 링(Riesling)으로 만든 와인인지를 살펴보아야 한다. 똑같은 베렌아우스레 제(Beerenauslese)라도 가격차이가 있는 것은 포도품종 때문이다. 독일와 인에서 리슬링(Riesling)은 곧 품질을 상징한다. 마지막으로 빈티지 (Vintage)를 살펴야 하는데, 독일은 추운 지역으로 포도재배에 날씨의 영향 을 많이 받기 때문에 특히 중요하다.

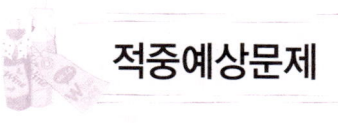

01. 독일어로 '스파이시' 라는 뜻이 있는 포도 품종으로 그레이프프루트, 리치 등 과일 향과 아카시아, 장미 등 꽃향기가 강하여 초보자도 그 향을 인식할 수 있는 개성이 강한 품종은?

① 질바너(Silvaner)

② 오세루아(Auxerrois)

③ 피노 블랑(Pinot Blanc)

④ 게뷔르츠트라미너(Gewürztraminer)

02. 독일에서 가장 고급 품종은?

① 게뷔르츠트라미너(Gewürztraminer)

② 리슬링(Riesling)

③ 질바너(Silvaner)

④ 뮐러 투르가우(Müller Thurgau)

03. 독일의 프랑켄지역에서 가장 많이 재배되는 화이트와인용 포도품종은?

① 스푸만테(Spumante)

② 샤르도네(Chardonnay)

③ 뮐러 투르가우(Müller Thurgau)

④ 소비뇽 블랑(Sauvignon blanc)

04. 독일에서 포도주스 일부를 고압 탄산가스 중에 보관하여 발효가 일어나지 않도록 보관한 다음, 발효가 끝난 와인에 일부 첨가하여 신맛과 단맛의 균

정답 01. ④ 02. ② 03. ③ 04. ③

형을 이루어 독특한 풍미를 가진 와인을 생산하는데, 이때 첨가하는 주스를 무엇이라고 하는가?

① Halbtrocken　　　　　　② Viertel Stuck

③ Süssreserve　　　　　　④ Müller Thurgau

05. 다음 중 독일 와인의 품질등급이 아닌 것은?

① 란트바인(Landwein)　　　② 타펠바인(Tafelwein)

③ 아우스브루흐(Ausbruch)　④ 프래디카츠바인(Pradikatswein)

> 🍷해설 독일은 1930년 와인법이 제정된 후 1971년에 품질등급이 제정되었고, 1982년에 개정되어 지금에 이르고 있다. 독일와인의 품질등급은 알코올 함유량과 포도의 숙성 정도, 당도를 근거로 하여 독일 타펠바인(Deutscher Tafelwein), 란트바인(Landwein), 특정생산지 고급와인(QbA : Qualitätswein bestimmter Anbaugebiete), 프래디카츠바인(Prädikatswein)의 4가지 등급으로 구분한다. 모두 해당지역 공기관의 검사번호가 붙어 있어야 한다.

06. 독일의 와인등급 중에 프랑스의 뱅 드 타블(Vin de Table)과 동일한 등급은 무엇인가?

① 타펠바인(Tafelwein)　　　② 란트바인(Landwein)

③ QbA　　　　　　　　　④ 프래디카츠바인(Prädikatswein)

07. 다음 독일 와인 분류 체계 중에서 가장 생산량이 많은 것은?

① 타펠바인(Tafelwein)

② 란트바인(Landwein)

③ 크발리태츠바인 베스팀터 안바우게비테(QbA)

④ 프래디카츠바인(Pradikatswein)

08. 독일와인 등급 중 최상위 등급은?

🍷 정답　05. ③　06. ①　07. ③　08. ④

① 란트바인(Landwein)   ② 타펠바인(Tafelwein)

③ QbA   ④ 프래디카츠바인(Prädikatswein)

09. 다음 중 늦게 수확하여 만든 와인이란 뜻으로, 정상적인 수확기를 지나 당도가 높아진 다음 수확한 포도로 만든 와인에 붙이는 명칭은?

① 카비네트(Kabinett)   ② 스패트레제(Spatlese)

③ QbA   ④ 아이스바인(Eiswein)

10. 피노 누아를 독일에서 부르는 명칭은?

① 바이스부르군더(Weissburgunder)

② 스패트부르군더(Spatburgunder)

③ 그라우브루군더(Graubrugunder)

④ 포르투기저(Portugieser)

11. 다음 독일 와인 등급 중에서 원료포도의 당도가 가장 높은 것은?

① 아이스바인(Eiswein)

② 트로켄베렌아우스레제(Trockenbeerenauslese)

③ 아우스레제(Auslese)

④ 슈페트레제(Spatlese)

12. 다음 중 독일의 당도 단위는?

① 브릭스(Brix)

② 옥슬레(Öechsle)

③ 보메(Baumé)

④ KMW(Klosterneuburger Mostwaage)

정답   09. ②   10. ②   11. ②   12. ②

13. 다음 독일 와인 생산지역 중에서 가장 넓은 곳은?

    ① 아르(Ahr)   ② 모젤(Mosel)

    ③ 나헤(Nahe)   ④ 라인헤센(Rheinhessen)

14. 모젤 와인(Mosel Wine)의 일반적인 병에 색상은?

    ① 짙은 초록   ② 노란색

    ③ 갈색   ④ 흰색

15. 독일에서 모든 스파클링 와인을 총칭하여 부르는 용어는 무엇인가?

    ① 샤움바인(Schaumwein)   ② 젝트(Sekt)

    ③ 페를바인(Perlwein)   ④ 페더바이스(Federweiss)

16. 탱크 내에서 발효시키는 샤르마 방식에 의해 만드는 독일의 고급 스파클링 와인을 무엇이라고 하는가?

    ① 젝트(Sekt)   ② 샤움바인(Schaumwein)

    ③ 페를바인(Perlwein)   ④ 스푸만테(Spumante)

   🍷해설 젝트(Sekt) : 탱크 내에서 발효시키는 샤르마 방식에 의해 만드는 독일의 고급 발포성 와인으로 드라이한 맛이다.

17. 독일산의 2.5기압 이하인 약발포성 와인을 총칭하는 표현은?

    ① 페를바인(Perlwein)   ② 스푸만테(Spumante)

    ③ 젝트(Sekt)   ④ 샤움바인(Schaumwein)

   🍷해설 페를바인(Perlwein)은 독일산 2.5기압 이하의 약발포성 와인을 총칭한다.

18. 독일의 와인용어 중에서 '트로켄(Trocken)'은 무엇을 의미하는가?

    ① 프랑스의 샤토와 동일한 뜻이다.

🍷 정답　13. ④　14. ①　15. ①　16. ①　17. ①　18. ④

② 경사진 포도밭이란 뜻이다.

③ 울타리로 둘러싸인 포도밭이란 뜻이다.

④ 건조한, 즉 영어로 'Dry' 란 뜻이다.

19. 독일 와인 상표에 클라식(Classic)이라는 단어가 붙어 있다면 무엇을 의미하는 것인가?

① 샴페인 방식으로 만든 스파클링 와인

② 가장 고전적인 방법으로 만든 와인

③ 드라이 와인의 등급

④ 오크통에서 1년 이상 숙성시킨 와인

20. 독일의 와인용어 중에서 '바인구트(Weingut)' 는 무엇을 의미하는가?

① 고급 와인 　　　　　② 로제와인

③ 양조장 　　　　　④ 빈티지

정답　19. ③　20. ③

Chapter 1. 와인학 개론　*85*

3. 이탈리아 와인

(1) 개요

로마시대부터 와인의 종주국임을 자처하는 이탈리아는 와인의 생산량, 소비량, 수출량에 이르기까지 프랑스와 앞뒤를 다투고 있으나, 아직도 프랑스의 그늘에 가려 보이지 않는 장벽을 넘지 못하고 있다. 이는 근세까지 도시국가로 나뉘어 지내온 이탈리아의 정치적 배경에도 그 이유가 있겠지만, 프랑스보다 뒤늦게 품질관리 체계를 정하고 수출에 눈을 떴기 때문이다. 그리고 프랑스 사람들은 와인을 하나의 예술품의 경지에 올려놓고 온갖 포장을 다하여 세계 사람들이 프랑스 와인을 우러러보도록 만든 반면, 이탈리아 사람들은 와인을 마시지 않고 '먹는다'는 표현을 쓸 만큼 와인을 식탁에 있는 하나의 음식으로 생각하고 지내온 것이다. 그러나 1980년대 이후 포도 재배방법과 양조법을 개선하여 괄목할만한 품질 개선으로 그 이미지가 달라지고 있다.

(2) DOC

프랑스의 AOC와 마찬가지로 각 재배지역의 지리적 경계, 양조 및 저장장소, 사용하는 품종 지정, 혼합 비율 결정, 단위면적당 수확량 규제, 양조방법, 최소 알코올 농도, 숙성기간(나무통과 병에서 저장하는 기간), 용기의 형태 및 용량, 화학분석 및 관능검사까지 규정하고 있다.

① VdT(Vino da Tavola, 비노 다 타볼라)

테이블 와인으로서 외국산 포도를 블렌딩하지 못한다. 상표에는 와인의 색깔 즉 레드, 화이트, 로제를 표시한다.

② IGT(Indicazione Geografica Tipica, 인디카치오네 제오그라피카 티피카)

생산지명만 표시하는 것과 포도품종과 생산지명을 표시하는 두 가지가 있다.

③ DOC(Denominazione di Origine Controllata, 데노미나치오네 디 오리지네 콘트롤라타)

　　원산지 명칭 통제. 포도품종은 표시하지 않고 원산지만 나타낸다.

④ DOCG(Denominazione di Origine Controllata e Garantita, 데노미나치오네 디 오리지네 콘트롤라타 에 가란티타)

　　원산지 명칭 통제 보증. 5년 이상된 DOC 와인 중 일정 수준 이상의 것을 심사하여 결정한다.

⑶ 유명한 와인산지

　　이탈리아의 포도 생산지역은 행정구역과 동일한 20개의 지역에 각각 DOC를 정하여 포도 재배지역을 구분하고 있다. 가장 유명한 지역은 토스카나(Toscana), 피에몬테(Piemonte), 그리고 베네토(Veneto) 세 군데이다.

① 토스카나(Toscana)

　　유명한 플로렌스가 있는 지역으로 가장 많이 알려져 있으며, 신선하고 가벼운 맛으로 이탈리아 음식과 잘 어울리는 '키안티(Chianti)', 색깔이 진하고 타닌 함량이 많고 오래 숙성시킬 수 있는 '브루넬로 디 몬탈치노(Brunello di Montalcino)', 귀족이나 성직자의 식탁에 공급했다는 '비노 노빌레 디 몬테풀치아노(Vino Nobile di Montepulciano)' 등이 유명하며, 이들 모두 DOCG급 와인이다.

　　또 DOC 규정을 무시하고 독자적으로 품종을 선택하여 만든 와인으로 등급은 낮지만 비싸게 팔리는 와인을 영어권에서 슈퍼 투스칸(Super Tuscans)이라고 하는데, 유명한 것으로 '사시카이아(Sassicaia)', '티냐넬로(Tignanello)', '오르넬라이아(Ornellaia)', '솔라이아(Solaia)' 등을 들 수 있다.

② 피에몬테(Piemonte)

　　북서부 지역으로 알프스 산맥 밑에 위치하고 있으며, 프랑스와 스위스 국경에 접하고 있다. 이 지역을 대표하는 와인인 '바롤로(Barolo)'와 '바

르바레스코(Barbaresco)'는 DOCG급 와인으로 네비올로 포도로 만들어 장기간 숙성시킨 고급 와인이다. 바롤로는 아주 진하고 묵직한 레드와인으로 타닌 함량이 많아서 텁텁한 맛을 가지고 있으며, 바르바레스코는 좀 더 부드럽고 세련된 맛을 가지고 있다. 좀 더 가볍고 부드러운 와인으로 바르베라(Barbera), 돌체토(Dolcetto)가 있으며, 스파클링 와인으로 아스티 스푸만테(Asti Spumante)가 유명하다.

피에몬테(Piemonte)의 와인을 마실 때는 가벼운 바르베라(Barbera)나 돌체토(Dolcetto)를 마신 다음에 풍부한 바르바레스코(Barbaresco)를 마시고, 최종적으로 묵직하고 강한 바롤로(Barolo)를 마신다. 즉 바롤로(Barolo)는 이탈리아 와인의 최고봉이라고 할 수 있다.

③ 베네토(Veneto)

북동쪽에 있는 지역으로 유명한 관광지 베니스와 베로나가 있는 곳이다. 이탈리아에서 와인 생산량이 가장 많은 곳이며, 깔끔한 맛의 화이트와인인 '소아베(Soave)'가 유명하며, '발폴리첼라(Valpolicella)', '바르돌리노(Bardolino)' 등도 무난한 맛으로 언제 어디서나 쉽게 마실 수 있는 와인이다.

또 발폴리첼라(Valpolicella) 지역에서 나오는 특이한 레드와인인 아마로네(Amarone)는 포도를 수확하여 건조시켜 당분함량을 높인 다음에 발효시킨 것으로 알코올 함량은 14~16%의 드라이 와인으로 이탈리아 레드와인 중 가장 강한 맛을 가지고 있다.

적중예상문제

01. 이탈리아에서 많이 재배되는 화이트와인 품종으로, 프랑스에서 위니 블랑
(Ugni Blanc), 생테밀리옹(Saint-Émilion)이라고 부르기도 하는 품종은?
① 샤르도네(Chardonnay)　　　② 카베르네 프랑(Cabernet Franc)
③ 트레비아노(Trebbiano)　　　④ 리슬링(Riesling)

02. 다음 중 이탈리아 와인의 최상위 등급은 무엇인가?
① VdT　　　　　　　　　　② IGT
③ DOC　　　　　　　　　　④ DOCG

03. 다음 중 이탈리아의 DOC제도의 규정 중에서 프랑스의 AOC제도와 가장
큰 차이점은 무엇인가?
① 품종의 선택이 자유스럽다.　② 숙성기간을 규정한다.
③ 알코올 도수의 규정이 없다.　④ 원산지 구분이 없다.

04. 이탈리아의 와인용어 중 클라시코(Classico)라고 표시된 것은 무엇을 의미
하는가?
① DOC지역의 중심으로 예전부터 있었던 명산지
② 오크통에서 발효시키고 그 통에서 숙성시킨 와인
③ 500년 이상의 역사를 가진 와인에 붙이는 용어
④ 음악가나 화가 등 예술가들이 만든 와인

05. 다음 중 토스카나 지역의 레드와인을 대표하는 품종으로 유전적으로 변종

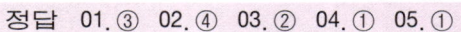

정답　01. ③　02. ④　03. ②　04. ①　05. ①

이 많기로 유명한 품종은?

① 산조베제(Sangiovese) ② 네비올로(Nebbiolo)

③ 코르비나(Corvina) ④ 람브르스코(Lambrusco)

06. 다음은 이탈리아의 어느 와인 산지에 관한 설명인가?

> 이탈리아 중부 프로렌스를 중심으로 한 지역으로 키안티(Chianti)의 산지로
> 서 이탈리아 레드와인을 생산하는데 전체 생산량의 1/3이 DOC나 DOCG일
> 정도로 세계적으로 유명하다.

① 토스카나(Toscana) ② 라치오(Lazio)

③ 피에몬트(Piemont) ④ 베네토(Veneto)

07. 다음 와인 중에서 토스카나 지역에서 생산되는 것이 아닌 것은?

① 키안티(Chianti)

② 브루넬로 디 몬탈치노(Brunello di Montalcino)

③ 비노 노빌레 디 몬테풀치아노(Vino Nobile di Montepulciano)

④ 소아베(Soave)

08. 다음 슈퍼 투스칸(Super Tuscans)에 대한 설명 중 틀린 것은?

① 정부의 엄격한 DOC규정을 적용하여 선별한 것이다.

② 고가에 팔리는 와인이다.

③ 카베르네 소비뇽 등 프랑스 품종을 사용하는 것이 많다.

④ 사시카이아(Sassicaia), 티냐넬로(Tignanello) 등의 예를 들 수 있다.

09. 슈퍼 투스칸(Super Tuscans)으로 유명한 사시카이아(Sassicaia)는 현재 어
떤 등급인가?

① DOCG ② IGT

 정답 06. ① 07. ④ 08. ① 09. ③

③ DOC   ④ Vino da Tavola

10. 다음 와인 중에서 피에몬테(Piemonte) 지역에서 생산되는 것이 아닌 것은?

① 모스카토 다스티(Moscato d'Asti)   ② 슈퍼 투스칸(Super Tuscans)

③ 바롤로(Barolo)   ④ 바르바레스코(Barbaresco)

11. 산기슭이라는 의미의 이탈리아 레드와인 명산지는?

① 피에몬테(Piemonte)   ② 베네토(Veneto)

③ 마르살라(Marsala)   ④ 키안티(Chianti)

12. 다음 이탈리아 와인의 명칭과 그 와인이 생산되는 지역이 올바르게 연결된 것은?

① 아스티(Asti) - 토스카나(Toscana)

② 아마로네(Amarone) - 베네토(Veneto)

③ 사시카이아(Sassicaia) - 피에몬테(Piemonte)

④ 돌체토 달바(Dolcetto D'Alba) - 에밀리아 로마냐(Emilia Romagna)

13. 이탈리아 베네토(Veneto) 지역에서 생산되는 와인 중 이탈리아 화이트와인으로서 가장 잘 알려진 와인은 무엇인가?

① 발폴리첼라(Valpolicella)

② 소아베(Soave)

③ 바르돌리노(Bardolino)

④ 에밀리아 로마냐(Emilia Romagna)

14. 아마로네(Amarone)에 대한 설명 중 틀린 것은?

① 단맛이 강한 와인이다.

정답 10. ② 11. ① 12. ② 13. ② 14. ①

② 수확한 포도를 건조시켜 발효한다.

③ 베네토 지역에서 나온다.

④ 일반 와인보다 알코올 농도가 높다

15. 시칠리아를 대표하는 강화와인으로 18세기 말 영국 상인이 포트(Port)나 셰리(Sherry) 대용으로 개발한 와인은?

① 빈 산토(Vin Santo)　　　　② 리파소(Ripasso)

③ 리코로소(Licoroso)　　　　④ 마르살라(Marsala)

16. 이탈리아에서 2.5기압 이하의 약 스파클링 와인을 총칭하는 표현은?

① 젝트(Sekt)　　　　② 샤움바인(Schaumwein)

③ 스푸만테(Spumante)　　　　④ 프리잔테(Frizzante)

17. 다음 중 모스카토 다스티(Moscato d'Asti)의 특성이 아닌 것은?

① 알코올 농도가 낮다.　　　　② 약 스파클링 와인이다.

③ 스위트 와인이다.　　　　④ 샴페인 방식으로 만든다.

18. 식전주(Apéritif)로서 많이 애용되는 이탈리아 특유의 가향와인으로, 화이트 와인에 여러 가지 향신료가 들어있는 식물을 넣어서 만든 와인은?

① 마르살라(Marsala)　　　　② 베르뭇(Vermouth)

③ 마데이라(Madeira)　　　　④ 말라가(Málaga)

19. 지금은 드물지만, 짚으로 둘러 싼 키안티(Chianti)병을 무엇이라고 하는가?

① 갈로 네로(Gallo Nero)　　　　② 아나타(Annata)

③ 피아스코(Fiasco)　　　　④ 안티코(Antico)

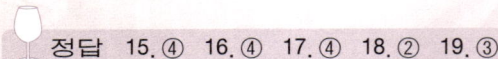
정답　15. ④　16. ④　17. ④　18. ②　19. ③

4. 스페인 와인

(1) 개요

세계에서 가장 넓은 포도밭을 가지고 있는 스페인은 좋은 레드와인으로도 유명하지만, 별 볼일 없는 화이트와인을 다시 발효시켜 만든 '셰리(Sherry)'는 세계인의 입맛을 돋우는 식전주(Apéritif)로서 유명하다. 그러나 이탈리아와 마찬가지로 품질에 대한 관심도가 낮아서 전근대적인 방법으로 포도를 재배하고 와인을 만들었지만, 최근에 AOC와 동일한 DO(Denominación de Origen)제도를 도입하고, 재배방법과 양조방법을 개선하여 우수한 와인을 생산하고 있다.

(2) DO(Denominación de Origen)

① Vinos de Mesa(비노 데 메사)

지리적 명칭이 없는 테이블와인으로 서로 다른 지역의 포도가 혼합될 수도 있다.

② VCIG(Vinos de Calidad con Indicación Geográfica)

와인의 품질과 명성이 있는 와인생산지역에 부여되는 명칭으로, 예전의 비노스 델 라 티에라(Vinos de la Tierra), 프랑스의 뱅 드 페이(Vin de Pays)와 유사하다.

③ DO(Vinos con Denominación de Origen)

이 와인은 지정된 지역, 지방, 포도밭에서 생산된 것으로 와인 재배지역이 고급 와인 생산자로서 알려진 것이다.

④ DOCa(Vinos con Denominación de Origen Calificada)

DO 와인으로서 필요한 규정에 적합한 것으로 현재 2개 지역의 와인 즉, '라 리오하(La Rioja)', '프리오라토(Priorato)'만 DOCa로 지정되어 있다.

⑤ Do de Pago(Denominactión de pago)

　　특별한 환경과 뛰어난 와인을 생산한 실적이 있는 DOC구역 안에 위치한 단일 포도밭에서 나오는 와인이다. 2003년에 신설된 제도이다.

(3) 유명한 와인산지

　　스페인에서 가장 우수한 와인을 생산하는 '리오하(Rioja)' 는 보르도의 영향을 받아 고급 레드와인을 만들며, 바르셀로나 남서쪽 해안에 있는 '페네데스(Penedés)' 는 프랑스 품종을 도입하여 혁신적인 방법으로 와인을 만든다. 새로운 와인산지로 각광을 받고 있는 '리베라 델 두에로(Ribera del Duero)' 와 '프리오라토(Priorato)' 는 진하고 힘이 넘치는 레드와인으로 유명하며, '리아스 바이사스(Rias Baixas)' 는 화이트와인이 유명하다. 그리고 중앙 고원지대에 있는 '라만차(La Mancha)' 는 스페인에서 가장 많은 와인을 생산하고 있다.

　　프랑스의 샴페인과 같이, 단일지역 와인 중 세계적으로 가장 인기 있는 셰리(Sherry)는 세계적인 식전주(Apéritif)로서 화이트와인을 만든 다음, 큰 통에 가득 채우지 않고 공기와 접촉시켜 와인 표면에 효모막(Yeast film)을 형성시켜 만든다. 이 때 나오는 향이 갓 구어낸 따뜻한 빵에서 나오는 냄새와 같이 식욕을 자극시키는 효과가 있어서 식전주로서 사용하는 것이다. 제조방법에 따라 '피노(Fino)', '올로로소(Oloroso)', '아몬티아도(Amontillado)', '만자니아(Manzanilla)' 등으로 나눌 수 있다.

5. 포르투갈 와인

　　나라는 작지만 와인 강국인 포르투갈은 포트(Port)라는 달콤한 레드와인을 만들어 식사 뒤에 디저트와 함께 마시는 디저트용 와인으로 유명하다. 포르투갈의 와인은 이탈리아, 스페인과 마찬가지로 레드와인을 많이 생산하고, 오

크통에서 숙성을 오래 시키기 때문에 와인 스타일도 이들 나라와 비슷하다. 12세기부터 부분적으로 원산지통제제도를 시행할 만큼 와인에 대한 자부심이 강한 전통적인 와인 생산국이다. 전근대적인 방법으로 와인을 생산하였지만, 최근에 새로운 기술을 도입하여 품질향상에 노력하고 있다. 전통적으로 포트(Port)와 마데이라(Madeira)가 유명하며, 최근에 수출용으로 개발한 로제도 세계 각 시장에서 인기를 끌고 있다.

적중예상문제

01. 2003년 스페인이 와인 법률을 개정할 때 특별한 미기후를 가지고 뛰어난 와인을 생산하는 단일 포도밭 와인에 부여하는 명칭은?

① Denominación de Origen Calificada, DOCa

② Denominación de Pagos

③ Gran Reserva

④ Vino de Calidad Producido en Región Determinada, VCPRD

02. 와인 스타일은 부드러워 부르고뉴를 닮았지만, 스페인의 보르도라고 알려져 있는 곳으로 중세부터 스페인에서 프랑스로 가는 길목에 있는 와인 산지는?

① 리오하(Rioja)

② 페네데스(Penedés)

③ 프리오라토(Priorato)

④ 리베라 델 두에로(Ribera del Duero)

03. 스페인 카탈루냐 지역의 와인 산지로서 1970년대부터 스테인리스스틸 탱크를 도입하여 온도 관리를 하고, 카베르네 소비뇽 등 프랑스 품종을 사용하여 우수한 와인을 만드는 곳은?

① 리오하(Rioja)

② 페네데스(Penedés)

③ 리베라 델 두에로(Ribera del Duero)

④ 프리오라토(Priorato)

 정답 01. ② 02. ① 03. ②

04. 다음 스페인 와인 산지 중에서 신선한 화이트와인으로 유명한 곳은?

① 리오하(Rioja)

② 페네데스(Penedés)

③ 리베라 델 두에로(Ribera del Duero)

④ 리아스 바이사스(Rias Baixas)

05. 스페인 중앙 고원지대로 청포도인 아이렌(Airen)을 주로 재배하며, 스페인에서 가장 많은 와인을 생산하는 곳은?

① 리오하(Rioja) ② 라만차(La Mancha)

③ 후미야(Jumilla) ④ 토로(Toro)

06. 다음 중 셰리(Sherry)를 만드는 품종이 아닌 것은?

① 팔로미노(Palomino)

② 페드로 시메네스(Pedro Ximénez)

③ 모스카텔 피노(Moscatel Fino)

④ 알바리뇨(Albariño)

07. 셰리(Sherry)의 원산지 명칭(DO)은?

① 헤레스 델 라 프론테라(Jerez de la Frontera)

② 산루카르 데 바라메다(Sanlúcar de Barrameda)

③ 엘 푸에르토 데 산타 마리아(El Puerto de Santa Maria)

④ 헤레스 세레스 셰리(Jerez-Xérès-Sherry)

08. 셰리(Sherry)를 식전주로 사용하는 이유는?

① 신선한 과일 향이 풍기고 맛이 맑고 깨끗하기 때문

정답 04. ④ 05. ② 06. ④ 07. ④ 08. ③

② 알코올 농도가 낮고 산도가 높아서 입맛을 돋우기 때문

③ 특이한 향미가 빵 냄새와 같이 식욕을 자극하기 때문

④ 진한 오크 향과 특유의 짠맛이 입맛을 돋우기 때문

09. 다음 셰리(Sherry)의 종류 중에서 '플로르(Flor)'를 형성시키지 않고 만든 것은?

① 피노(Fino)　　　　　　　② 아몬티아도(Amontillado)

③ 만자니아(Manzanilla)　　　④ 올로로소(Oloroso)

10. 셰리(Sherry)를 숙성시키는 솔레라(Solera) 시스템은 어떤 장점을 가지고 있는가?

① 빈티지를 명확하게 구분할 수 있다.

② 반자동 블렌딩으로 급격한 품질 변화가 없다.

③ 다른 와인보다 오크 향이 강해진다.

④ 햇볕에 노출되어 셰리 고유의 향이 생긴다.

11. 카바(Cava)를 만드는 방식은?

① 탄산가스 주입법

② 샤르마 과정(Charmat Process)

③ 루랄 방식(Rural Method)

④ 샴페인 방식

12. 다음 스페인 와인 숙성기간 표시 용어 중에서 숙성기간이 가장 오래된 것은?

① 크리안자(Crianza)　　　　② 레세르바(Reserva)

③ 호벤(Joven)　　　　　　　④ 신 크리안자(Sin Crianza)

🍷 정답　09. ④　10. ②　11. ④　12. ②

13. 다음 포르투갈 와인의 원산지 표시제도에서 프랑스 뱅 드 페이(Vins de Pays)에 해당되는 것은?

① Vinhos de Mesa
② IPR
③ Vinhos Regional
④ DOC

14. 다음 스페인 와인 산지 중에서 지중해 연안 카탈루냐 지방에 있는 곳은?

① 리오하(Rioja)
② 라만차(La Mancha)
③ 리베라 델 두에로(Ribera del Duero)
④ 프리오라토(Priorato)

15. 식후 디저트 와인으로 유명한 포르투갈 와인은?

① 포트(Port)
② 셰리(Sherry)
③ 키안티(Chianti)
④ 마데이라(Madeira)

해설 포트(Port)는 포르투갈 도우로 지역에서 생산되는 와인이다.

16. 다음 중 포트와인(Port Wine)의 설명으로 가장 알맞은 것은?

① 항구에서 막노동을 하는 선원들이 즐겨 찾는 레드와인
② 레드와인의 총칭
③ 스페인에서 생산되는 식탁용 드라이 와인
④ 포르투갈에서 생산되는 스위트 와인

17. 포르투갈에서 가장 이상적인 조건을 갖춘 와인산지로서 여름이 온난하고 건조하여 당도가 높은 포도가 생산되므로, 알코올 농도가 높은 레드와인이 유명하여 보르도와 견줄 수 있는 와인을 만드는 곳은?

① 다웅(Dão)
② 카르카벨로스(Carcavelos)

정답 13. ③ 14. ④ 15. ① 16. ④ 17. ①

③ 팔멜라(Palmela)   ④ 샤브스(Chaves)

18. 영어로 'Green Wine' 이란 뜻으로 알바리뇨를 주품종으로 만든 가볍고 신
선한 여름용 화이트와인을 주로 만드는 포르투갈의 와인산지는?
① 도우로(Douro)   ② 히바테주(Ribatejao)
③ 부셀라스(Bucelas)   ④ 비뉴 베르드(Vinho Verde)

19. 숙성 기간을 10년, 20년, 30년, 40년 단위로 표시하는 포트는?
① 에이지드 토니 포트(Aged Tawny Port)
② 빈티지 포트(Vintage Port)
③ LBV(Late Bottled Vintage)
④ 크러스트 포트(Crusted or Crusting Port)

20. 다음 포트의 종류 중에서 오크통에서는 2년 정도 숙성하고, 병에서 10년 이
상 오래 숙성시키는 것은?
① 루비 포트(Ruby Port)   ② 토니 포트(Tawny Port)
③ LBV(Late Bottled Vintage)   ④ 빈티지 포트(Vintage Port)

21. 다음 중 세계 3대 강화와인에 속하지 않은 것은?
① 셰리(Sherry)   ② 포트(Port)
③ 마데이라(Madeira)   ④ 뱅 존(Vin Jaune)

22. 강화와인을 40~50도의 온도로 장기간 가열하여 숙성시킨 세계 3대 디저트
와인 중 하나로, 생산지인 아프리카 근처 섬 이름과 동일한 와인은?
① 말라가(Málaga)   ② 마데이라(Madeira)
③ 마르살라(Marsala)   ④ 베르못(Vermouth)

정답 18. ④ 19. ① 20. ④ 21. ④ 22. ②

6. 신세계 와인

(1) 미국 와인

① 개요

미국의 와인은 대부분 캘리포니아에서 생산되는데, 이곳은 이상적인 기후조건에 풍부한 자본과 우수한 기술을 적용하여 세계적인 품질의 와인을 생산하고 있다. 유럽은 전통적인 방법을 고수하면서 자신들의 명예와 전통을 지키지만, 미국은 과감한 실험정신으로 신규 기술을 접목하여 품질향상에 노력하면서 유럽의 유명한 와인 메이커와 활발한 합작투자를 전개하고 있다. 한편, 캘리포니아 북쪽에 있는 오리건 주는 피노 누아로 부르고뉴 스타일의 와인으로 유명하며, 오리건 주 북쪽에 있는 워싱턴 주 역시 새로운 와인산지로 각광을 받고 있다.

② 캘리포니아 와인산지

캘리포니아에서 가장 고급와인이 나오는 북부해안 지역은 샌프란시스코 북쪽으로 기후조건이 가장 좋은 곳이며, 보르도 스타일의 '나파 밸리(Napa valley)'가 가장 유명하며, 최근에 고급 와인 산지로 유명해진 '소노마(Sonoma)' 역시 미국의 고급 와인산지를 대표하는 곳으로 부드럽고 온화한 와인을 만들고 있다.

샌프란시스코 남쪽의 중부해안 지역은 '몬테레이(Monterey)', '산타클라라(Santa Clara)', '리버모어(Livermore)' 등에서 고급 와인을 생산하며, 중부 내륙 지역은 미국에서 가장 많은 와인을 생산하는 곳으로 캘리포니아 와인의 80%는 이곳에서 나온다.

③ AVA(American Viticultural Areas, 지정재배지역)

미국을 비롯한 신세계 와인은 특별한 등급체계나 원산지에 관한 규정이 없다. 유럽은 수백 년의 역사를 거치면서 많은 사람의 평가에 의해서 와인의 명산지나 명문가가 자리 잡을 수 있었지만, 신세계는 짧은 역사

를 가지고 있어서 아직은 특별한 등급체계를 가지고 있지 않다. 일반적
으로 알려진 명산지가 있을 뿐이고, 이제야 하나, 둘 정리하여 원산지의
범위를 정하는 정도의 체계를 갖추고 있다.

AVA는 1983년부터 시행한 것으로 각 포도재배 지역을 구분하자는 취
지에서 시작된 것이다. 어느 지역이 더 우수하다거나 품질을 보증한다는
의미가 아니고 단순히 다르다는 개념뿐이기 때문에 유럽과 같이 재배방
법, 생산방법, 품종 등에 대한 규정은 없다. 메이커 자신이 정한 품질기준
과 소비자 요구를 부합시켜 자율적으로 관리한다.

※ 메리티지(Meritage) 와인

캘리포니아에서 보르도 스타일로 만든 고급 레드와인과 화이트와인을
말한다.

※ 컬트 와인(Cult wine)

캘리포니아에서 소량 고품질의 카베르네 소비뇽을 생산하여 경매에서
고가에 팔리는 와인으로서 80년대 오퍼스 원(Opus One)을 시작으로 발
전한 것이다.

④ 선택 기준

사용하는 포도품종이 기재된 와인, 빈티지가 표시된 와인일수록 고급
이라고 할 수 있으나, 가장 중요한 것은 메이커의 선택이다. 나파나 소노
마의 유명 메이커를 선택하는 것이 가장 좋은 방법이다.

(2) 오스트레일리아 와인

19세기부터 유럽에서 포도를 도입하여 뉴사우스웨일스의 헌터 밸리에서
와인을 만들기 시작하였다. 이때부터 영국을 주요시장으로 발전하여 아직
도 영국이 큰 시장이지만, 요즈음은 가까운 아시아권에서 판촉을 활발히 하
고 있다. 1970년대까지만 해도 달콤한 디저트 와인과 값싼 테이블 와인 위
주로 생산했으나 1980년대부터 고급품을 만들어 국제적인 명성을 얻기 시
작하여 세계 4위의 와인 수출국이면서 와인 소비도 영어권에서는 뉴질랜드

와 더불어 1인당 소비량이 가장 많다.

오스트레일리아 와인하면 가장 먼저 떠오르는 것이 쉬라즈(Shiraz)란 품종이다. 프랑스 론 지역에서 가져온 시라(Syrah)를 여기서는 이렇게 부른다. 이것으로 만든 와인은 맛이 진하고 장기간 보관할 수 있는 바디가 강한 와인으로 오스트레일리아 와인의 주종을 이루고 있다. 다른 품종을 수입하려고 할 때는 이미 유럽 전체가 필록세라라는 해충 때문에 곤란을 겪고 있어서 방역선을 조성하여 필록세라를 방어하느라고 카베르네 소비뇽 등 새로운 품종은 나중에 들어오게 된다. 덕분에 필록세라 피해가 극히 적었고, 지금도 미국 종에 접붙이기를 하지 않은 100년 이상된 나무에서 생산되는 와인도 있다.

신세계 와인은 역사가 짧기 때문에 선택의 기준은 메이커가 될 수밖에 없다. 호주의 메이커들은 대대로 백년 이상 가족 위주의 경영으로 출발하여 현재는 합병을 거듭하여 거대기업으로 발전하여 90% 이상 시장 점유율을 가지고 있다.

(3) 뉴질랜드 와인

1980년대 중반까지 자가 수요로서 만족하는 정도의 와인 생산국이었으나, 최근에 재능 있고 교육을 제대로 받은 와인메이커가 혁신적인 방법으로 와인산업을 일으켜 1988년 100여개에 불과하던 와이너리가 1998년에는 300개 가까이 되었으며, 포도밭도 40% 이상 늘어났다. 1986년 정부에서 주관하여 신품종을 들여오고, 생산량도 급격하게 늘어나고 있다. 특히 소비뇽 블랑은 이 나라의 대표적인 품종이 되었으며, 샤르도네, 리슬링 등 화이트 와인 비율이 75%이며, 레드와인은 피노 누아로서 급속하게 확산되고 있다. 신세계 와인 생산국 중에서 가장 역사가 짧지만, 소비뇽 블랑과 피노 누아로 급격하게 주목을 받고 있는 곳이라고 할 수 있다.

(4) 남아프리카공화국 와인

남아프리카공화국은 17세기 네덜란드 동인도 회사가 자국인의 오랜 항해, 즉 유럽과 인도 극동을 항해하면서 식량공급, 선박 수리소 역할을 하도록 설치한 곳이다. 케이프의 초대 총독은 선상 의무감으로 부하들에게 이곳 케이프가 지중해성 기후로서 포도재배에 적합하다고 설득하고, 와인이 괴혈병에 좋다면서 1655년 포도밭을 조성하여 와인을 만들었다. 그 후 1688년 프랑스에서 종교박해를 피해 위그노파가 도착하여 포도나무를 심고 와인을 만들면서 산업화의 기틀을 마련하였으며, 이어서 프랑스 사람들이 건너와 기술이전을 하면서 품질이 향상되었다. 최근에 과학적이고 현대적인 시설을 갖추면서 가볍고 신선한 테이블 와인을 만들면서 1973년부터 원산지 표시(Wine of Origin)를 시행하고, 품종과 수확연도를 표시하기 시작했다. 현재 80%의 와인이 지정된 지역에서 나온다.

남아프리카공화국의 포도밭이 많이 있는 사우스웨스턴케이프(South Western Cape)는 대서양과 인도양이 만나는 곳이며, 남극권에서 아프리카 서해안을 따라 올라가는 차가운 벵겔라 해류 때문에 온화하다. 그래서 포도밭은 남부와 대서양 연안의 서부에 조성되어 있다. 산악지형, 바다 그리고 기타 요인에 따라 여러 가지 중간 기후대가 형성된다.

(5) 칠레 와인

칠레 와인은 세계 시장에서 가격 대비 가장 좋은 와인이라는 칭송을 받으면서 내수보다는 수출에 주력하는 곳이다. 동쪽으로 안데스산맥과 서쪽으로 태평양이 가로막고 있어 지리적으로 다른 지역과 격리된 곳이라서 병충해가 적으며, 와인산지는 지중해성 기후로 겨울에 비가 내리고, 여름이 덥고 건조한데다가 일조량이 풍부하여 색깔이 진하고 단맛이 풍부한 포도가 생산된다. 그리고 포도밭이 계곡 사이의 평지에 있으면서 태평양 한류의 영향을 받기 때문에 밤낮의 기온차가 심하여 더욱 강건한 와인이 된다. 이런

천혜의 조건을 갖춘 곳이라서 온 세계의 포도밭을 폐허로 만든 필록세라가 유일하게 침투하지 못한 곳이며, 아울러 환경 친화적인 재배가 가능한 곳이다.

안데스 산맥 최고봉 이름과 동일한 '아콩카과(Aconcagua)'는 레드와인, 바로 밑에 있는 '카사블랑카(Casablanca)'는 화이트와인으로 유명하다. 더 남쪽에는 칠레에서 가장 오래 된 '마이포(Maipo)', 고급 와인이 나오는 '카차포알(Cachapoal)'과 '콜차과(Colchaqua)' 일교차가 큰 쿠리코(Cúrico) 등 중부지역에 와인산지가 집중되어 있다.

칠레 와인의 공식적인 등급은 없다. 개성 있는 와이너리에서 고급 와인에 각자의 이름을 붙여서 판매한다. 특히, 유럽과 미국의 유명 메이커들과 합작하는 곳이 많다.

(6) 아르헨티나 와인

아르헨티나는 남아메리카 대륙에서 와인 생산량이 가장 많고, 프랑스, 이탈리아, 스페인, 미국에 이어서 세계 5위를 자랑하지만, 아르헨티나 와인을 마셔 본 사람은 많지 않다. 이는 최근까지 생산된 와인을 수출하지 않고 내수용으로 사용하였기 때문이다. 그래서 1인당 와인 소비량도 40~50병(세계 6~7위 수준)으로 와인을 상당히 많이 마시는 나라라고 할 수 있지만, 정치적인 불안과 경제적인 어려움으로 품질향상에 노력하지 않고, 값이 싼 와인을 대량 생산하여 내수용으로 소비하기 때문에 국제적인 인식이 아직은 좋지 않다.

그러나 1990년대에 이르러 정치적으로 안정이 되고, 다른 산업이 발달하면서 와인산업도 발전하고 있다. 특히, 이웃에 있는 칠레를 발전 모델로 삼아서 혁신적인 변화를 도모하고 있으며, 프랑스나 미국 전문가들을 고용하여 아르헨티나 와인 현대화에 힘쓰고 있다. 오크통을 구입하고 온도를 조절할 수 있는 스테인리스스틸 탱크를 도입하여 품질을 향상시키고 있다.

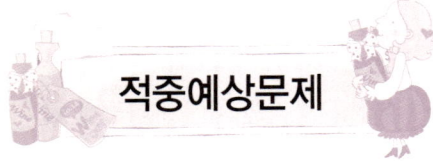

01. 다음 중 미국에서 금주법이 시행된 기간을 올바르게 표시한 것은?

① 1861 ~ 1865년   ② 1914 ~ 1918년

③ 1917 ~ 1940년   ④ 1920 ~ 1933년

02. 캘리포니아 와인의 선구자라고 할 수 있는 사람으로, 유럽에서 포도묘목 10만 주를 가져와 와인산업의 기틀을 마련한 사람은?

① 아고스톤 하라스지(Agoston Haraszthy)

② 프랭크 슈메이커(Frank Schoonmaker)

③ 로버트 몬다비(Robert Mondavi)

④ 찰스 크룩(Charles Krug)

03. 캘리포니아 와인의 80%를 생산하는 최대 와인 생산지역은?

① 북부해안 지역(North Coast)   ② 중부해안 지역(Central Coast)

③ 중부 내륙지역(Central Valley)   ④ 시에라 풋힐즈(Sierra Foothills)

04. 1976년 파리에서 열린 유명한 와인 품평회에서 1등으로 선정된 캘리포니아 레드와인은?

① 스택스 립 와인 셀러(Stag's Leap Wine Cellars)

② 로버트 몬다비(Robert Mondavi)

③ 릿지 몬테 벨로(Ridge Monte Bello)

④ 샤토 몬텔레나(Château Montelena)

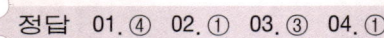

정답   01. ④   02. ①   03. ③   04. ①

05. 미국에서 두 번째로 와인 생산량이 많은 주는?
① 오리건 주　　　　　　　② 워싱턴 주
③ 뉴욕 주　　　　　　　　④ 텍사스 주

06. 미국 오리건(Oregon) 주 와인의 특성을 한 마디로 요약하면?
① 카베르네 소비뇽을 중심으로 보르도 스타일의 와인으로 성공한 곳
② 피노 누아를 중심으로 부르고뉴 스타일의 와인으로 성공한 곳
③ 리슬링을 중심으로 독일 스타일의 와인으로 성공한 곳
④ 시라를 중심으로 론(Rhône) 지역 스타일의 와인으로 성공한 곳

07. 다음 미국 와인 산지 중에서 뉴욕 주에 있는 것은?
① 롱아일랜드(Long Island)
② 컬럼비아 밸리(Columbia Valley)
③ 윌러멧 밸리(Willamette Valley)
④ 멘도시노(Mendocino)

08. 다음 중 미국의 AVA(American Viticultural Areas, 지정재배지역)에 대한 설명 중 틀린 것은?
① AVA를 상표에 표시할 경우 해당 AVA에서 생산된 포도를 85% 이상 사용해야 한다.
② 포도재배 지역을 구분하자는 취지에서 시작된 것으로 어느 지역이 우수하거나 품질을 보증한다는 의미는 아니다.
③ 포도 재배방법, 와인 생산방법, 지정 품종 등에 대한 규정이 매우 엄격하다.
④ 캘리포니아 뿐만 아니라 전국적으로 AVA가 지정되어 있다.

 정답　05. ②　06. ②　07. ①　08. ③

09. 캘리포니아의 '메리티지(Meritage)' 와인이란?

　① 특정 음식과 환상의 조화를 이루는 특정 와인

　② 결혼식에 사용하는 고급 와인

　③ 보르도 스타일의 고급 와인

　④ 여러 품종을 섞은 가장 대중적인 와인

10. 캘리포니아의 '컬트 와인(Cult wine)' 이란?

　① 소량 고품질의 고가 와인　　② 부르고뉴 스타일의 고가 와인

　③ 대량 생산되는 저가 와인　　④ 그 해 가장 많이 팔린 와인

11. 1979년 보르도의 바롱 필립 드 로칠드(Baron Philippe de Rothschild)와 캘리포니아의 로버트 몬다비(Robert Mondavi)가 합작하여 만든 와인은?

　① 도미너스(Dominus)　　　　② 인시그니아(Insignia)

　③ 오퍼스 원(Opus One)　　　④ 샤토 세인트 진(Château St. Jean)

12. 캘리포니아 와인 상표에 "Estate Bottled..." 라고 표시된 것은 무슨 뜻인가?

　① 해당 와이너리에서 포도를 재배하고 발효, 숙성시켜 포장까지 한 와인

　② 다른 곳에서 포도를 구입하여 발효, 숙성시켜 포장까지 한 와인

　③ 발효가 끝난 와인을 구입하여 숙성시켜 포장까지 한 와인

　④ 숙성이 끝난 와인을 구입하여 포장한 와인

13. 미국에서 포도품종을 상표에 표시할 경우 몇 %이상이 그 와인에 함유되어야 하는가?

　① 70%　　　　　　　　　　② 75%

　③ 80%　　　　　　　　　　④ 85%

정답　09. ③　10. ①　11. ③　12. ①　13. ②

14. 미국에서 보통 '저그 와인(Jug wine)' 이라고 하는 것은 어떤 와인인가?

① 큰 병에 들어있는 값싼 와인

② 오크통에서 숙성 중인 와인

③ 병에 들어있지 않고 큰 탱크에서 주병을 기다리는 와인

④ 발효가 갓 끝난 와인

15. 다음 중 오스트레일리아에 일찍 소개되어 오스트레일리아의 주종을 이루는 품종이라고 할 수 있는 것은?

① 쉬라즈(Shiraz)

② 카베르네 소비뇽(Cabernet Sauvignon)

③ 그르나슈(Grenache)

④ 메를로(Merlot)

16. 다음 중 오스트레일리아 와인의 특성이 아닌 것은?

① 대부분의 와인지역이 더운 곳에 위치하고 있어서 발효 온도조절이 필수적이기 때문에 과학적으로 발전하였다.

② 규제가 없으므로 부지선정, 품종이나 클론의 선택, 재배방법, 수확, 양조기술 등 모든 면에 새로운 기술을 적용하여 품질을 개선하고 있다.

③ 전통적으로 균형과 복합성을 얻기 위해 두 종류 포도의 블렌딩이 많다.

④ 전통적으로 특정 포도밭에서 좋은 와인이 나온다는 테루아르(Terroir)에 대한 믿음이 강하다.

17. 카베르네 소비뇽(Cabernet Sauvignon)으로 유명하여 '오스트레일리아의 보르도' 라는 별명을 가진 생산지는?

① 헌터(Hunter)

정답 14. ① 15. ① 16. ④ 17. ④

② 태즈메이니아(Tasmania)

③ 마가렛 리버(Margaret River)

④ 쿠나와라(Coonawarra)

18. 오스트레일리아에서 가장 역사가 오래된 '헌터(Hunter)' 는 어느 주 소속인가?

① 뉴사우스웨일스(New South Wales)

② 사우스오스트레일리아(South Australia)

③ 빅토리아(Victoria)

④ 웨스턴오스트레일리아(Western Australia)

19. 오스트레일리아에서 와인 생산량이 가장 많은 주는?

① 뉴사우스웨일스(New South Wales)

② 사우스오스트레일리아(South Australia)

③ 빅토리아(Victoria)

④ 웨스턴오스트레일리아(Western Australia)

20. 오스트레일리아 와인 상표에 'BIN' 이라고 표시된 것은 무엇을 뜻하는가?

① 해당 회사의 최고급 제품이라는 표시

② 탱크 번호 등을 상표에 표시한 것

③ 국가 공인 검사에서 합격한 와인

④ 원산지를 표시한 와인

21. 뉴질랜드에서 가장 넓고 유명한 와인산지로 남섬 북동쪽 끝에 있어서 산맥이 서풍을 막아 포도의 생육기간이 길고 건조하며, 서늘한 기후의 영향으로 소비뇽 블랑이 가장 잘 되는 곳은?

정답 18. ① 19. ② 20. ② 21. ②

① 기즈번(Gisborne)　　　　　　② 말보로(Marlborough)

③ 캔터베리(Canterbury)　　　　④ 센트럴 오타고(Central Otago)

22. 남아프리카공화국에서 개발한 피노타지(Pinotage)는 피노 누아(Pinot Noir)와 어떤 품종을 교배하여 육종한 것인가?

① 쉬라즈(Shiraz)

② 메를로(Merlot)

③ 생소(Cinsault)

④ 카베르네 소비뇽(Cabernet Sauvignon)

23. 남아프리카공화국의 원산지 명칭을 표시하는 제도는?

① DOC　　　　　　　　　　② AOC

③ DO　　　　　　　　　　　④ WO

24. 칠레에서 메를로(Merlot)로 알려졌던 레드와인 품종은?

① 산조베제(Sangiovese)

② 카베르네 소비뇽(Cabernet Sauvignon)

③ 가메(Gamay)

④ 카르미네르(Carmenère)

25. 칠레에서 많이 재배되고 있는 카르미네르(Carmenère) 품종의 원산지는?

① 보르도(Bordeaux)　　　　　② 부르고뉴(Bourgogne)

③ 론(Rhône)　　　　　　　　④ 프로방스(Provence)

26. 다음 칠레 와인에 대한 설명으로 잘못된 것은?

① 대체적으로 와인에 적합한 지중해성 기후로서 일조량이 풍부하고, 여

정답　22. ③　23. ④　24. ④　25. ①　26. ④

름에 일교차가 커서(20℃) 당과 산의 조화가 잘 된다.

② 땅값이 싸고, 값싼 노동력이 풍부하여 가격 대비 가장 좋은 와인이 나오는 곳이 되었다.

③ 포도재배는 16세기 중반, 정복자들과 선교사들이 유럽 포도를 멕시코를 거쳐 페루에서 가져오면서 시작되었다.

④ 19세기 후반 미국에서 발생한 필록세라가 가장 먼저 들어온 곳으로 유럽종을 접붙이기하여 해결하였다.

27. 다음 와인 생산지역 중 칠레 와인 산지는?

① 카차포알(Cachapoal) ② 산후안(San Juan)

③ 후미야(Jumilla) ④ 카리네라(Cariñena)

28. 아르헨티나 와인의 80% 이상이 생산하는 대표적인 와인산지로 해발 600~1,200m에 포도밭이 있으며, 말베크(Malbec)를 많이 재배하는 곳은?

① 라 리오하(La Rioja) ② 산후안(San Juan)

③ 멘도사(Mendoza) ④ 리오 네그로(Rio Negro)

29. 우리나라에서 가장 많이 재배되는 포도 품종은?

① 캠벨 얼리(Campbell Early)

② 거봉(巨峰)

③ 머스캇 베일리 에이(Muscat Bailey A)

④ 네오 머스캇(Neo Muscat)

30. 우리나라 와인을 생산하는 포도품종이 아닌 것은?

① 캠벨 얼리(Campbell Early) ② 거봉(巨峰)

③ 샤르도네(Chardonnay) ④ MBA

정답 27. ① 28. ③ 29. ① 30. ③

해설 국내와인은 캠벨 얼리(Campbell Early), 거봉, 머루, MBA 등을 사용한다.

31. 우리나라에 본격적으로 와인을 생산하기 시작한 시기는 언제인가?

① 1960년대   ② 1970년대

③ 1980년대   ④ 1990년대

32. 우리나라 최초의 과실주는?

① 마주앙   ② 애플와인 파라다이스

③ 노블와인   ④ 샤토 몽블르

33. 일본에서 와인을 가장 많이 생산하는 지역은?

① 이바라키현   ② 야마구치현

③ 야마나시현   ④ 야마가타현

정답 **31.** ② **32.** ② **33.** ③

Chapter 2

와인서비스 실무

제1절 테이블 매너

1. 와인글라스

일반적으로 사용되는 와인글라스는 튤립꽃 모양의 것에 비교적 긴 손잡이가 달린 것인데, 사람의 체온이 와인에 직접 전달되지 않도록 배려한 것이다. 그리고 위로 올라갈수록 좁아지는 이유는 와인의 향기가 밖으로 나가지 않고 글라스 안에서 돌도록 배려한 것이다. 그리고 와인의 색깔을 즐기기 위해서는 글라스가 무색투명해야 하며 그 두께는 얇을수록 좋다. 예쁜 색깔을 넣은 글라스나 아름다운 무늬를 넣은 것은 이와 같은 이유로 바람직한 것은 못된다.

글라스 모양을 엄격하게 따지는 사람은 같은 레드와인이라도 보르도와 부르고뉴의 것을 구분하여 글라스를 선택하고, 독일와인을 마실 때는 독일 고유의 손잡이가 굵은 글라스를 사용하는 등 그 와인 생산지의 전통적인 글라스를 사용하려고 한다. 일반와인이 아닌 샴페인이나 코냑 등은 그 목적에 맞는 특수한 형태의 글라스를 사용하는 것이 옳지만, 식사용인 테이블와인은 유리로 된 글라스면 충분하다. 무엇보다도 중요한 것은 와인글라스의 청결상태이며, 특히 샴페인의 경우는 더욱 깨끗해야 한다.

2. 와인의 온도

선택된 와인은 와인의 종류에 따라 적절한 온도를 유지하도록 준비해야 한다. 보통 화이트와인은 10~15도, 레드와인은 15~20도, 그리고 샴페인은 10도

정도로 마신다고 이야기 하지만 정해진 법칙은 아니다. 경우에 따라 보졸레나 루아르 같은 가벼운 레드와인을 차게 마실 수 있으며, 더운 여름에는 화이트와인과 레드와인 모두 차게 마실 수도 있다. 와인을 감정하기 위한 테이스팅(Tasting)을 할 때는 온도가 너무 낮으면 향을 느끼지 못하므로 화이트와인도 차게 해서 맛을 보지는 않는다.

3. 코르크의 개봉과 와인 따르기

보통 와인의 코르크마개의 지름은 24mm인데, 병구의 지름은 18mm가 보통이다(샴페인 코르크는 31mm, 병구는 17.5mm). 이렇게 코르크는 강하게 압축된 채 병구를 막고 있으므로 코르크마개를 개봉하는 데는 특별한 기구와 상당한 힘이 필요하다.

(1) 먼저 캡슐을 제거한다. 그리고 캡슐에 싸여 있던 코르크의 상태를 살펴보고 더럽거나 곰팡이가 끼어있으면 깨끗이 닦아낸다.

(2) 코르크스크루의 끝을 코르크 중앙에 대고 조심스럽게 돌린다. 이 때 스크루가 너무 깊이 들어가서 코르크마개를 관통하면 코르크 조각이 와인에 떨어질 수 있다. 물론 코르크 조각이 몸에 해로운 것은 아니지만 보기 좋은 장면은 아니다.

(3) 코르크를 조심스럽게 잡아당긴다. 잘 만들어진 코르크스크루는 계속 돌리기만 해도 코르크마개가 빠지도록 되어 있으며, 웬만한 것은 지렛대를 이용하여 별로 힘들이지 않고 코르크마개를 빼낼 수 있다.

(4) 빼낸 코르크마개는 조심스럽게 빼서 내려놓는다. 이 때 코르크마개 냄새를 맡아보기도 하는데, 코르크 냄새만 날 뿐이다. 다만 코르크마개가 충분히 젖어 있는지 확인만 하면 된다. 젖어있지 않은 것은 병을 세워서 보관했다는 증거가 된다.

(5) 먼저 와인을 주문한 사람 혹은 그날의 주빈(Host)에게 먼저 와인을 약간

따른다. 이 사람은 글라스를 들고 색깔과 향, 그리고 맛이 만족스러운지 살핀 다음, 다른 손님의 글라스에 와인을 따르도록 허락한다.

(6) 순서를 정한다면, 주빈이 오른쪽 사람부터, 즉 시계 반대방향으로 와인을 따르는데, 여자 손님은 글라스를 먼저 채우고, 다시 반대방향으로 돌면서 남자 손님의 글라스에 따른다.

(7) 이때는 글라스를 완전히 채우지 않고 1/3 정도 여유를 두고 따르는 것이 좋다. 그리고 따르고 난 후 병을 들어 올릴 때는 약간 비틀어서 와인이 식탁에 떨어지지 않도록 해야 한다.

 **디캔팅(Decanting)** : 오래된 레드와인은 침전물이 가라앉아 있을 수 있다. 특히 보르도 와인이나 빈티지 포트에 자주 생기므로 이러한 와인을 접대할 때는 침전물을 제거할 수 있는 디캔터(Decanter)를 미리 준비해야 한다. 침전물이 가라앉은 와인은 침전물을 제외한 맑은 와인을 디캔터로 옮긴 후에 글라스에 따라 마신다. 또 숙성이 덜 된 거친 와인의 경우도 공기와 접촉하면서 맛이 부드러워질 수도 있으므로 디캔팅을 한다. 그러나 아주 오래된 와인은 공기를 접촉하면 금방 변질될 수 있으므로 조심해야 한다.

4. 레스토랑의 와인

레스토랑에서는 손님의 선호도, 가격조건, 그리고 수급능력에 따라 다양한 와인을 준비해 두어야 한다. 준비된 와인은 종류별로 분류하고, 일정조건을 갖춘 장소에 보관하며, 전부 맛을 봐서(Tasting) 와인의 특성을 파악하고 있어야 한다. 그리고 와인의 생산지, 빈티지, 포도품종, 어울리는 음식 등 와인의 배경에 대해서도 다양한 정보를 수집하고, 이를 손님에게 알려줄 수 있는 것이 좋다.

그러나 무엇보다도 중요한 것은 손님에게 즐거운 분위기에서 식사를 할 수 있도록 도와주는 일이다. 와인을 주문하는 간단한 일을 까다롭게 만들어 복잡한 상황을 연출하는 격식이나 절차는 손님에게 부담을 줄 뿐이다. 좋은 식당이란 훈련된 웨이터의 도움으로 모든 사람이 즐거운 마음으로 와인과 요리

를 주문하고, 그 맛을 분위기와 함께 즐길 수 있는 곳이라야 한다.

5. 소믈리에 (Sommelier)

소믈리에는 프랑스어이며, 영어로는 '와인 웨이터' 이다. 르네상스 시대에 왕과 귀족들의 시종으로서 이 명칭이 사용되었는데, 소믈리에는 여행 중 식품과 와인을 준비하고 보관하는 솜(Somme)이라는 직책에서 유래된 말이다. 이들은 식품을 단순히 저장만 하지 않고, 그 상태를 확인하고 주인이 먹기 전에 맛을 보면서 독극물이 있는지 확인하였다. 여기에서 출발하여 와인 서비스를 전담하는 직업으로 발전한 것이다.

현재 소믈리에는 와인 저장실(Cellar)과 레스토랑 일을 맡아보고, 모든 음료수에 대해서 책임을 지고 있다. 화려한 제복을 입고 목에 은빛 장식품을 걸치고, 손님에게 예의바른 사람으로만 인식되어서는 안 된다. 식사주문이 끝나자마자 주문한 음식을 알고, 바로 와인을 추천하거나 와인 리스트를 보일 수 있어야 한다. 그는 레스토랑의 모든 와인에 대해서 알고 있어야 하며, 나아가서는 와인의 세일즈맨이 되어야 한다. 단골손님의 취향을 파악하고, 주인과 와인에 대해서 의견을 교환할 수 있어야 한다. 그리고 손님의 즐거운 식사를 위해서 돕는 일이 우선이라는 점을 항상 인식하고 있어야 한다.

6. 와인의 주문

와인을 주문할 때는 먼저 와인 리스트를 완전히 살펴봐야 한다. 만약 소믈리에나 웨이터의 제안을 원한다면 그렇게 하고, 특별한 지역의 와인이 있으면 이야기를 한다. 또 좋아하는 스타일을 이야기하거나, 가격위주로 "얼마짜리 이하로 주세요." 해도 잘못될 것은 없다. 만약 주문한 와인이 리스트에 없으면 웨이터나 소믈리에는 바로 대체품을 추천할 수 있어야 한다.

7. 와인의 보관

와인은 살아있는 생명체와 같이 태어나서 성숙한 경지에 이르는 기간이 있고, 다시 성숙한 기간이 유지되는 기간, 그리고 쇠퇴하여 부패되면서 와인으로서 가치를 잃게 된다. 그리고 이러한 각 단계별 기간은 와인의 타입에 따라 틀려진다. 대체적으로 알코올 농도가 높고, 타닌 함량이 많을수록 숙성기간이 길고 보관도 오래할 수 있다.

원칙적으로 와인이 들어있는 병은 눕혀서 보관한다. 그 이유는 세워서 오래 두면 코르크마개가 건조해져서 외부의 공기가 침입하여 와인을 산화시키기 때문이다. 눕혀서 보관하면 와인이 코르크마개로 스며들어 코르크가 팽창하므로, 외부로부터 공기가 들어올 수 없다. 또 와인의 산화를 촉진시키는 것은 햇빛을 포함한 강한 광선, 높은 온도 그리고 심한 진동이다. 이상적인 온도는 10~15도 정도인데, 이 온도는 특별한 장치가 되어있지 않으면 지속시킬 수가 없다. 그러나 전문가의 의견에 의하면 20도 온도에서 보관해도 그 온도의 변화가 심하지만 않다면 몇 년 정도는 문제없다고 한다. 일반적으로 식품의 저장에서 온도의 높고 낮음보다 심한 온도의 변화가 훨씬 식품의 수명을 단축시킨다.

가끔 식사를 하면서 와인을 마시는 경우에는 한두병 여유를 갖고 있으면 되니까 보관에 신경을 쓸 필요가 없지만, 평소 와인에 대해서 깊은 관심이 있어 식사에 따라 와인을 고를 정도가 된다거나 취미로써 와인을 수집하는 경우라면 여러 병 구입해서 보관해야 되므로 와인의 저장방법에 관심을 갖고 있어야 한다.

Chapter 2

제2절 와인의 감정과 평가

1. 개요

와인을 마시는 것과 감정하는 것을 혼동하는 사람이 많다. 와인을 마실 때는 자기 자신의 즐거움을 위해서이고, 와인을 감정한다는 것은 와인을 객관적인 입장에서 평가하는 것이다. 와인을 시각적, 미각적, 후각적으로 검사하고 분석하여 느낀 점을 명확한 언어로 표현하고 판단하는 것이므로 와인을 감정하는 행위는 지켜야 할 것도 많고, 엄격한 분위기에서 행해지는 분석적인 업무이다. 그런데 즐겁게 마셔야 할 사람들이 와인을 평가하는 기준을 적용시켜 "와인이란 이렇게 마시는 법이다."라고 못을 박는 경우가 있다. 마실 때는 무엇보다도 즐거운 분위기에서 부담없이 마시는 것이 최고이다.

2. 와인의 관능적 요소

와인은 아름다운 색깔과 여러 가지 맛과 향기가 들어있다. 먼저 외관(Appearance), 즉 색깔과 투명도 등을 살펴보고 정상인지 아닌지 조심스럽게 판단한다. 조금도 혼탁하지 않고 투명하게 빛나야 한다. 혼탁이 생기거나 색깔이 정상이 아니면 조심스럽게 판단해야 한다. 색깔로써 어느 정도 맛과 숙성도 등을 유추할 수 있으므로 시각은 와인감정의 준비과정이라 할 수 있다.

다음은 향미(Flavor) 즉 향과 맛을 살피는데, 이때는 잔을 흔들어 후각에 미치는 영향을 크게 한 다음 향을 맡아본다. 코가 식별할 수 있는 향기는 혀

가 맡을 수 있는 맛보다 몇 십 배 세밀하기 때문에 이 향기를 맡는다는 것은 와인을 감정하는데 가장 중요한 역할을 한다. 저질의 와인일수록 향기가 평범하고 약하며, 좋은 와인일수록 복합적인 향기가 오래 지속된다. 와인의 품질은 이 후각으로 결정될 만큼, 가장 중요하다고 할 수 있다. 그리고 와인을 마시면 입안에서는 미각으로 느끼지만, 바로 후각과 함께 합쳐서 복합적인 맛을 느끼기 때문에 맛이란 표현보다는 '향미(Flavor)' 라는 표현을 더 잘 쓴다.

　와인을 입에 넣었을 때 느끼는 맛은 복합적인 맛이므로 각 성분의 특성과 비율에 따라서 맛에 차이가 생긴다. 포도의 종류, 생산지, 그리고 생산연도에 따라 맛이 다르고, 만드는 사람에 따라 맛이 틀리니 와인의 맛을 완전히 체득한다는 것은 시간이 걸리고 오랜 경험과 노력이 필요하다.

　마지막으로 질감(Touch)은 온도, 점도, 알코올 농도 등을 표현하는 것으로 알코올의 화끈한 맛, 탈수작용, 타닌의 쓴맛 그리고 입안의 부드러운 감촉 등은 단맛, 신맛, 짠맛, 쓴맛과는 다르게 느끼는 감각이다. 와인에 섞여 있는 입자가 입에 들어가면 감촉을 느끼게 되며 그것을 감지하는 것을 배우게 된다. 탄산가스의 느낌도 감촉이며, 타닌에 의한 떫은맛은 근육조직의 반응이다.

Chapter 2

3. 와인 감정의 실제

(1) 와인글라스를 하얀 바탕의 종이나 벽에 대고 색깔을 살피고 판단한다.

(2) 와인글라스를 흔든 다음, 코에 갖다 대고 냄새를 맡는다. 너무 오래 맡으면 감각이 둔해지므로 처음 느꼈던 냄새와 중간에 변해가는 냄새를 비교하면서 판단해야 한다.

(3) 입에 약간 물고 혀로 돌리면서 골고루 맛을 본다. 이때는 혓바닥의 맛과 코로 느끼는 냄새의 맛을 한꺼번에 느껴야 한다.

(4) 입안에 있던 와인을 뱉어버리고, 입안에 남아있는 뒷맛을 음미한 뒷맛을
확인한다.

한 종류의 와인만 맛본다면 입에 있던 와인을 뱉을 필요는 없지만, 다음에 또 맛볼 와
인이 있으면 뱉어 낸 다음 입을 물로 씻어내야 한다. 삼키면 몸 안에서 와인이 증발하
여 그 냄새가 남아있게 되고, 많은 양이 쌓이게 되면 감각이 둔해진다.

(5) 채점은 좋다에서 나쁘다의 단계를 몇 개로 나누어 한꺼번에 와인을 평가
하기도 하지만, 전문적인 단계는 색깔, 맛, 향 세 가지로 분류하여 각각 채
점을 한다.
(6) 한 개의 와인감정이 끝나고 다음 와인을 감정할 때까지는 적어도 2분 정도
여유를 두고, 후각이 정상화된 다음 감정한다.

※ 시간
늦은 아침으로 가장 식욕을 느낄 때가 좋다.
※ 장소
조명이 잘 되고 외부와 차단된 곳, 특히 나쁜 냄새가 나지 않는 곳이라
야 한다.

제3절 와인과 건강

1. 개요

와인은 포도로 만들며, 포도 이외의 원료는 거의 들어가지 않는다. 물론 효모나 기후조건이 맞지 않는 곳에서는 설탕을 넣기도 하지만, 와인의 성분은 포도 그 자체의 성분이 미생물의 작용으로 변한 것뿐이다. 와인 한 병(750ml)을 만드는데 들어가는 포도의 양은 1.0~1.2kg이므로 와인 한 병을 마시는 것은 포도 1.0~1.2kg을 먹는 셈이다.

그렇지만 와인은 발효과정을 거치는 동안 포도의 성분이 거의 다른 물질로 변하여 포도의 성분과는 다르지만, 알코올과 수분 그 외 비타민과 무기질 성분 등 어느 종류의 술보다도 영양적인 성분을 많이 가지고 있다. 그러나 모든 술이 그렇듯이 적당량을 마셔야 건강에 좋은 것은 말할 것도 없다.

2. 프렌치 패러독스(French paradox)

1979년 몇 사람의 학자들이 허혈성 심장병에 대한 역학조사를 발표하였는데, 18개 선진국의 55세에서 64세의 사람들을 표본으로 조사한 결과, 심장병 사망률과 국민소득, 의사와 간호사의 비율, 지역 섭취량 등은 별 관계가 없고, 알코올 소비량 특히 와인 소비량이 많은 나라일수록 심장병에 의한 사망률이 낮다는 점이 밝혀졌다. 즉 상식적으로 상반된 결과가 나왔기 때문에 이 현상을 프렌치 패러독스라고 한 것이다. 적당량의 알코올은 HDL의 양을 늘리기 때문에 동맥경화증의 위험이 줄어들며, 와인은 일반 알코올보다 그 효과가 두

배 정도 뛰어난 것으로 밝혀진 것이다.

와인만이 가지고 있는 이 독특한 작용은 와인에서 붉은 색깔과 씁쓸하고 텁텁한 맛을 주면서 와인을 맑게 만드는 폴리페놀(Polyphenol)이란 물질 때문이다. 폴리페놀에는 여러 가지가 있지만 가장 활동력이 좋은 것은 카테킨, 케르세틴, 에피카테킨, 레스베라트롤, 타닌 등으로 포도의 껍질과 씨에 많이 들어있고, 또 오크통에서 숙성할 때 오크통에서도 우러나오므로 껍질과 씨를 함께 발효시키고, 오크통에서 숙성시킨 레드와인에 많이 들어있다. 레드와인을 화이트와인에 비해 오랜 기간 보관할 수 있는 까닭도 바로 이 페놀 화합물이라는 성분에 있다.

이 폴리페놀은 와인에만 들어있는 것은 아니다. 대체로 색깔이 진하고 쓴맛과 떫은맛을 지닌 과일이나 채소에 많이 들어있다. 그러나 와인은 알코올과 항산화제를 둘 다 가지고 있기 때문에 알코올이 분해되면서 한번 작용한 폴리페놀을 다시 환원시켜 작용이 지속적이다. 이러한 특성은 와인만이 가지고 있는 것으로 다른 알코올음료나 과일, 채소류와는 비교할 수 없는 가치를 가지고 있는 것이다.

3. 와인의 진정 및 항우울 작용

와인은 긴장과 걱정에 대한 온화한 진정작용을 하며, 인간관계를 개선하고 대화하는 능력을 향상시킨다. 이 작용은 낮은 혈중알코올농도에서도 상당기간 유지된다는 점은 많은 실험에 의해서 확립된 이론이다. 물론 이 작용은 와인의 알코올에서도 나오지만, 와인은 같은 농도의 알코올에 비해 작용이 느리고 오래 지속된다. 실험에 의하면 한잔의 와인은 긴장도를 35% 감소시키는 것으로 밝혀졌다.

4. 와인의 피부미용에 대한 효과

요즈음에는 황산화제를 주체로 하는 화장품이 많이 나오고 있다. 포도 씨 추출물 등 여러 가지 물질이 사용되고 있지만, 화장품의 효력으로서 가장 중요한 피부 투과성이 확실하게 증명된 것은 아니다. 정기적으로 와인을 마시는 것이 보다 더 확실한 방법이다. 그리고 와인의 폴리페놀은 멜라닌 형성을 방해하여 기미, 주근깨 등 형성방지에도 효과가 있는 것으로 밝혀졌다.

5. 와인의 **퇴행성** 질환에 대한 효과

최근 보고에 의하면, 파킨슨씨병, 치매(알츠하이머), 통풍, 류마티즘, 백내장 등 노년의 퇴행성 질환의 원인이 프리 라디칼의 공격 때문이라고 한다. 항산화제인 와인을 섭취하면, 항산화제가 프리 라디칼을 흡착하기 때문에 효과를 얻을 수 있다. 와인은 칼슘을 비롯한 무기질이 풍부하고, 음식에 있는 무기질의 흡수를 돕기 때문에 식사와 함께 하는 와인의 효과는 칼슘의 가장 좋은 공급원이며 보조제라 할 수 있다.

6. 와인은 노인의 간호사

서양에서는 일반 의사들이 '와인은 노인의 간호사'라고 말하듯, 와인은 노인들에게 가장 효과가 크다. 육체적인 질병 예방은 물론 주변의 소외감, 인생에 대한 허무감 등으로 쌓인 스트레스를 해소한다. 와인 한잔은 온화한 진정작용을 함으로써 수면제의 표면적인 수면효과와 비교되지 않는 효과를 발휘한다.

7. 와인의 건강에 대한 효과

인간의 질병치료는 인체 스스로가 주역할을 하고, 약은 보조역할을 하는 것인데, 와인은 육체와 정신 양면에서 인체의 대사를 도와 그 효과는 매우 크다고 할 수 있다. 또 정신적인 면에서 사람의 기분을 좋은 상태로 오래 지속시켜 주기 때문에 현대인의 만병의 근원인 스트레스에 대한 저항력 역시 매우 크다고 할 수 있다. 와인이 건강식품인 것은 확실하다. 다시 말하면, 젊었을 때부터 와인을 마신 사람은 날마다 식사와 함께 와인을 마시면서 인생을 즐기고 건강하게 오래 살 수 있는, 우리도 모르게 혜택받는, 축복을 누릴 수 있다.

 적중예상문제

01. 글라스의 부위 명칭이 아닌 것은?

① Lip   ② Bowl

③ Stem   ④ Arm

> **해설** 와인 글라스는 가장 위부분인 립(Lip, Rim), 그 아래 부분의 와인이 담겨지는 볼 (Bowl, Body, Face), 손으로 잡는 부분인 다리(Stem), 안을 안정되게 놓이게 하 는 밑 부분(Base, Bottem)으로 구분한다.

02. 바(Bar)에서 사용한 글라스(Glass) 세척에 대한 설명이 아닌 것은?

① 글라스 세척용 중성세제를 사용한다.

② 두 번 이상 행군다.

③ 세척한 글라스는 잔의 테두리를 잡고 운반한다.

④ 세척한 글라스는 종류별로 보관한다.

03. 글라스 웨어(Glass Ware)의 취급 요령 중 설명이 틀린 것은?

① Glass Ware는 고객에게 서비스하기 전 반드시 닦아서 서브한다.

② Glass Ware는 닦을 때 반드시 뜨거운 물에 담가두고 닦는다.

③ Glass Ware는 자주 닦으면 좋지 않다.

④ Glass Ware에 냄새가 날 때는 레몬 슬라이스를 물에 넣어서 닦으면 냄 새를 제거 할 수 있다.

04. 레드와인의 서브 온도로 가장 알맞은 것은?

① 10~15도   ② 16~20도

③ 21~25도   ④ 26~30도

정답 01. ④ 02. ③ 03. ③ 04. ②

Chapter 2

05. 다음 중 와인서비스를 하기 전에 차게 하지 않아도 되는 와인은?

① 화이트와인   ② 레드와인

③ 로제와인   ④ 스파클링 와인

🍷**해설** 레드와인은 실온(16~20도)에서 제공

06. 와인을 마시기 전 실내온도와 동일한 온도를 유지하도록 실내에 방치하는 것을 무엇이라고 하는가?

① 샹브레(Chambrer)   ② 샹델(Chandelle)

③ 샤르마(Charmat)   ④ 샤르뉘(Charnu)

07. 와인을 서비스할 때, 다음 중 와인의 맛과 향에 가장 큰 영향력을 미치는 요소는?

① 온도   ② 글라스 크기와 형태

③ 요리   ④ 사전 코르크 개봉

08. 프랑스에서 개발된 것으로 스크류를 병위에 올려놓고 코르크 마개가 병에서 분리될 때까지 스핀들을 돌려주면 오픈되는 와인오프너는?

① 웨이터 오프너   ② 스크류 풀 엘리트

③ 레버풀   ④ 버터 플라이

09. 디캔팅(Decanting)을 하는 가장 큰 이유는?

① 와인의 온도를 높이기 위해

② 잠자는 와인을 깨우기 위해

③ 색깔을 개선하기 위해

④ 침전물을 제거하기 위해

🍷 **정답**   05. ②   06. ①   07. ①   08. ②   09. ④

10. 디캔팅 준비물이 아닌 것은?

① 양초   ② 테이스팅 글라스

③ 소믈리에 나이프   ④ 와인쿨러

🍇해설 ④ 대신 와인 바스켓

11. 디캔팅 과정이다. 틀린 것은?

① 디캔팅할 준비물은 소믈리에 방향으로 준비

② 와인 저장고에 있는 그대로 서브 준비

③ 와인 세팅시 레이블이 보이게 하고, 먼지가 많을 경우 고객 확인 후 병 목부위만 제거

④ 코르크(Cork) 오픈 후 먼저 향을 맡아 이상 유무 확인

🍇해설 디캔팅 과정

    1. 디캔터(Decanter)는 가능한 손으로 들고 간다.

    2. 디캔팅(Decanting)할 준비물은 고객 방향으로 준비

    3. 와인 저장고에 있는 그대로 서브 준비

    4. 주문한 와인 확인(와인에 대한 설명 : 와인 명, 빈티지(Vintage), 원산지, 생산자 등)

    5. 와인 세팅 시 레이블이 보이게 하고, 먼지가 많을 경우 고객 확인 후 병목부위만 제거

    6. 코르크(Cork) 오픈 후 먼저 향을 맡아 이상 유무 확인

    7. 디캔팅 작업 전에 소믈리에가 먼저 디캔터 행구는 작업을 하고, 시음 잔에 따른 후 시음을 함

    8. 이상 유무를 고객께 알리고, 촛불을 켜고 작업 시작

12. 와인 디캔팅이 끝나고 양초를 끄는 방법으로 가장 알맞은 것은?

① 입 바람으로 끈다.   ② 손을 사용하여 끈다.

③ 물을 부어서 끈다.   ④ 자체적으로 꺼지도록 기다린다.

🍇해설 손을 사용하고, 양초의 그을음 최소화

 정답 **10.** ④ **11.** ① **12.** ②

Chapter 2

13. 오래된 와인에 가라앉아 있는 앙금이나 침전물을 걸러낼 때 혹은 향의 발산이나 미감개선, 셰리와인을 마실 때 사용하는 유리병은?

① 와인글라스　　　　　　② 와인오프너
③ 디캔터　　　　　　　　④ 베큠 세이버

14. 레스토랑에서 유능한 소믈리에가 되려면 가장 중요하게 생각해야 할 일은?

① 와인 맛과 향을 감정하는 일
② 손님에게 친절하게 대하는 일
③ 와인과 음식의 조화를 잘 파악하는 일
④ 와인을 많이 파는 일

15. 소믈리에의 임무에 대한 설명이다. 틀린 것은?

① 업장와인 또는 음료를 관리한다.
② 와인 및 음료를 추천한다.
③ 고객만족을 위해 노력한다.
④ 와인만 추천하는 업무만 한다.

　❈해설 소믈리에는 와인 및 음료를 추천하고 음료 판매활성화를 위한 노력

16. 다음 중 와인을 보관하는 조건으로 적합하지 않은 것은?

① 와인 저장고의 조명은 형광등이 가장 좋다.
② 온도는 13℃ 전후로 일정해야 한다.
③ 습도는 70%를 넘는 것이 좋다.
④ 진동이 적고, 다른 냄새가 없어야 한다.

17. 와인 병은 온도가 (　)℃ 정도로 일정한 곳에 눕혀 코르크가 항상 젖어 있도록 보관해야 한다. 다음 (　)에 들어갈 가장 적당한 온도는?

정답　13. ③　14. ④　15. ④　16. ①　17. ③

① 0℃ 미만   ② 0~5℃

③ 10~15℃   ④ 20~25℃

🍷해설 와인 병은 온도가 연중 섭씨 13℃ 내외로 일정한 곳에 눕혀 코르크가 항상 젖어 있 도록 보관해야 한다.

18. 다음 중 와인 병을 눕혀서 보관하는 가장 적당한 이유는?

① 숙성이 잘 되게 하기 위해서

② 침전물을 분리하기 위해서

③ 맛과 멋을 내기 위해서

④ 색과 향이 변질되는 것을 방지하기 위해서

19. 와인을 다 마시지 않고 남길 경우 와인 병 속의 공기를 제거하고 보관해야 하는데, 이때 사용되는 기구는?

① 디캔터   ② 베큠세이버

③ 코르크스크루   ④ 스토퍼

🍷해설 ① 앙금제거, ③ 와인오프너, ④ 탄산음료를 다 마시지 못해서 보관시 사용

20. 다음 중 판매하다 남은 것을 오래 보관할 수 없는 것은?

① 와인(Wine)   ② 진(Gin)

③ 보드카(Vodka)   ④ 꼬냑(Cognac)

🍷해설 양조주는 오래 보관할 수 없다.

21. 파 스탁(Par stock)이란 무엇인가?

① 적정 재고량   ② 총 판매량

③ 매출원가   ④ 재고정리

🍷 정답 18. ④ 19. ② 20. ① 21. ①

22. 월말 인벤토리(Inventory)는 무엇을 조사하기 위함인가?

① 재고량   ② 매상고

③ 순수익   ④ 월경비

23. 주장(Bar) 경영에서 의미하는 "Happy hour"를 올바르게 설명한 것은?

① 가격할인 판매시간   ② 연말연시 축하 이벤트 시간

③ 주말의 특별행사 시간   ④ 단골고객 사은 행사

24. 와인 제공순서에 대한 설명이다. 틀린 것은?

① 드라이 와인(Dry wine)이 스위트 와인(Sweet wine)보다 먼저 제공하는 것이 좋다.

② 최근 생산된 와인과 오래 숙성된 와인이 있을 경우 최근에 생산된 영 와인(Young wine)이 올드 와인(Old wine)보다 우선적으로 제공하는 것이 좋다.

③ 화이트와인은 레드와인보다 나중에 대접하는 것이 좋다.

④ 가벼운 와인이 먼저 제공되고, 무거운 와인은 가벼운 와인 후에 제공되어야 한다. 즉, 순한 와인을 먼저 제공한다.

🍷해설 레드와인은 화이트와인보다 나중에 서브하여야 한다.

25. 화이트와인과 로제와인의 서비스에 대한 설명이다. 틀린 것은?

① 주문한 와인과 동일한지 와인 병의 라벨을 고객에게 확인시킨다.

② 와인을 오픈할 때, 호일 안의 불순물이 글라스 안으로 들어가는 것을 방지하기 위하여 병목의 두꺼운 띠 부분에서 약 1cm 아래로 자른다.

③ 호일을 자를 때 병을 돌리거나 흔들면서 오픈한다.

④ 호일을 전체적으로 동그랗게 자른 후 위로 올려 벗겨낸다.

🍷해설 호일을 자를 때 주의할 점은 병을 돌리거나 흔들면 안 된다.

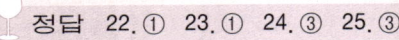

26. 다음 중 아페리티프(Apéritif)의 설명으로 가장 알맞은 것은?

① 식전에 식욕을 돋우기 위해 이야기하면서 마시는 와인

② 식전요리로서 훈제 연어, 삶은 야채, 거위 간(Foie gras) 등의 요리

③ 식후에 디저트와 함께 마시는 와인

④ 생선과 육류 등 와인과 함께 마시면 환상의 조화를 이루는 요리

27. 식사 중 와인에 대한 설명이다. 틀린 것은?

① 향이 진하고 짙은 수프에는 레드와인이나 혹은 화이트와인을 제공할 수 있다.

② 전체요리나 야채, 계란 등이 들어간 요리는 드라이한 로제와인이나 가벼운 화이트와인이 좋다.

③ 계란으로 만든 음식, 특히 노란자가 들어간 음식에는 일반적으로 와인과 어울리지 않는다.

④ 생선이나 어패류, 가금류에는 드라이한 레드와인이 육류에는 드라이한 화이트와인이 좋다.

🍷해설 생선이나 어패류, 가금류에는 드라이한 화이트와인이 육류에는 드라이한 레드와인이 좋다.

28. 식사 후 와인에 대한 설명이다. 틀린 것은?

① 일반적으로 알코올 함량이 높고 단맛이 강한 독일의 아이스와인이나 포트와인(Port Wine), 리큐어 혹은 샴페인을 마신다.

② 신선한 과일이나 식후의 디저트에는 화이트와인이나 샴페인이 좋다.

③ 과일에 와인이 제공된다면 높은 품질의 와인을 권유한다.

④ 후식의 와인 중 단맛 나는 음식은 스위트한 와인과 상호 보상된다. 단맛의 후식에는 특히 화이트와인 중 스패트레제, 단맛의 아우스레제, 중간 맛 스파클링 와인이 좋다.

🍷 정답 26.① 27.④ 28.③

29. 다음 중 생선과 가장 잘 어울리는 와인의 종류는?

① 레드와인   ② 화이트와인

③ 로제와인   ④ 스파클링 와인

30. 뷔페전문에서 가장 잘 어울리는 와인은?

① 화이트와인   ② 레드와인

③ 옐로우 와인   ④ 로제와인

🍷해설 로제와인은 어떤 음식과도 잘 어울린다.

31. 다음 와인과 음식의 조화에 대한 설명이다. 틀린 것은?

① 포트와인 - 호두, 초콜릿

② 소테른 와인 - 강한블루치즈, 거위 간

③ 아스티 스푸만테 - 과일, 비스킷

④ 마데이라 - 쇠고기 요리

🍷해설 마데이라는 밀크 초콜릿, 견과류, 커피모카 맛의 디저트

32. 스위트 와인의 대표적인 지역이 아닌 것은?

① 프랑스의 소테른(Sauternes)

② 프랑스의 바르삭(Barsac)

③ 헝가리의 토카이(Tokai)

④ 프랑스의 샤블리(Chablis)

33. 호크(Hock)와인은 무엇을 의미하는가?

① 독일 라인 지역에서 생산한 화이트와인

② 프랑스 버건디 지역에서 생산한 화이트와인

③ 스페인 호크하임엘(Hockheimerle) 지역에서 생산한 화이트와인

🍷 정답 **29.** ②   **30.** ④   **31.** ④   **32.** ④   **33.** ①

④ 이탈리아 피에몬테 지역에서 생산한 화이트와인

34. 다음 중 가향 와인(Flavored wine)에 해당되는 것은?

① 립프라우밀히(Liebfraumilch)　　② 스푸만테(Spumante)

③ 베르뭇(Vermouth)　　　　　　　④ 마데이라(Madeira)

35. 와인과 음식의 조화에서 가장 기본적으로 고려해야 할 점은?

① 각 와인과 음식의 화학적인 성분

② 개인의 취향

③ 와인과 음식의 색깔의 조화

④ 와인과 음식이 입 안에서 머무는 시간

36. 와인에서 관능검사(Sensory Evaluation)란 무엇을 뜻하는가?

① 색깔이나 투명도 등 외관을 중심으로 검사하는 것

② 아로마와 부케를 중심으로 검사하는 것

③ 미각과 촉각을 중심으로 검사하는 것

④ 위에 있는 ①, ②, ③ 모두를 검사하는 것

37. 입에서 느끼는 '광의의 맛' 이라고 할 수 있는데, 혀에서 느끼는 맛과 코로 전달되는 냄새가 동시에 작용하여 느끼는 것으로 후각의 도움을 받아서 느끼는 물질의 맛이라고 할 수 있는 것은?

① 향미(Flavor)　　　　　　　　　② 뒷맛(After taste)

③ 감칠맛(Umami)　　　　　　　　④ 마우스 아로마(Mouth aroma)

38. 와인의 원료포도에서 나오는 향을 무엇이라고 하는가?

① 원향　　　　　　　　　　　　　② 기본향

정답　34. ③　35. ② 　36. ④ 　37. ① 　38. ③

③ 아로마   ④ 후레버드

39. 피노 누아(Pinot Noir)에서 숙성하기 전에 나는 향이 아닌 것은？

① 라즈베리   ② 딸기

③ 흙냄새   ④ 체리

> **해설** 피노 누아(Pinot Noir)는 숙성 전에는 라즈베리, 딸기, 체리 등의 과일향이지만, 숙성 후에는 버섯, 흙냄새 등의 향이 난다.

40. 와인의 향미를 표현하는 용어 중에서 '바닐라 향'은 다음 중 어디서 유래되는가?

① 나무통   ② 포도 품종

③ 토양   ④ 기후

41. 와인 맛을 보고 '부쇼네(Bouchonné)' 되었다고 한다면 어떤 현상을 말하는가?

① 초산이 형성되어 신맛이 날 때

② 화이트와인은 갈색으로, 레드와인은 초콜릿 색깔로 변한 경우

③ 침전물이 있는 경우

④ 오염된 코르크로 인해 안 좋은 냄새가 날 때

42. 다음 중 바디(Body)를 가장 잘 설명한 것은?

① 숙성이 오래 되어 품위가 있으면서 타닌이 부드러워진 느낌

② 이스트의 자가분해로 토스트 향과 같은 구수한 향이 나는 느낌

③ 입에서 스쳐 지나가는 와인의 느낌으로 경험으로서 인식하는 무게감

④ 과일 자체가 주는 인상으로 코에서 동시에 느끼는 향미

정답   39.③   40.①   41.④   42.③

43. 밀도(Body)에 대한 표현방법이 아닌 것은?

① Very light & thin　　　　② Light

③ Extended　　　　　　　④ Full

44. 타닌의 정도에 따른 표현방법이 아닌 것은?

① Astringent　　　　　　② Hard

③ Soft　　　　　　　　　④ Flat

45. 산도(Acidity)에 대한 표현방법이 아닌 것은?

① Flat　　　　　　　　　② Refreshing

③ Marked　　　　　　　　④ Hard

46. 뒷맛(After taste)에 대한 표현방법이 아닌 것은?

① Short　　　　　　　　　② Acceptable

③ Extended　　　　　　　④ Good

47. 와인 테이스팅에서 '블라인드 테스트(Blind test)' 란 무엇을 말하는가?

① 상표를 보이지 않게 가려서 어떤 와인인지 모르는 상태에서 행해지는 검사

② 검사자의 눈을 가려서 색깔부터 병 모양까지 아무 것도 모르는 상태에서 행해지는 검사

③ 미각과 후각이 뛰어난 맹인을 선별하여 행해지는 검사

④ 보통 사람은 잘 감지할 수 없는 극미량의 성분을 알아내는 검사

48. 와인 테이스팅 용어에 대한 설명이다. 틀린 것은?

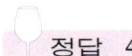
Chapter 2

① Petrol - 디젤 오일을 연상하게 만드는 와인의 향과 맛을 묘사할 때 사용

② Crisp - 입안에 상큼한 느낌을 주는 와인을 묘사할 때 사용

③ Supple - 입안에서 느껴지는 와인의 순한 느낌을 묘사할 때 사용

④ Caudalie - 와인을 삼키기 전 입안에서 느끼는 맛

> **해설** ④ 와인을 삼킨 뒤 입안에 와인의 맛과 향이 남아있는 시간을 나타내는 용어로 1
> 초를 1 코달리라고 한다.

49. 프랑스 부르고뉴(Bourgogne)에서 유래된 기구로 소믈리에가 와인을 테이스팅할 때 사용하는 접시모양의 기구를 무엇이라고 하는가?

① 타스트 벵 　　　　　　　　② 타스트 글라스

③ 타스트 접시 　　　　　　　④ 디캔터

50. 와인을 글라스에 따르는 경우 유리벽을 따라 점성물질이 흘러내리는 현상(Leg 혹은 Tear)을 일으키는 주요 원인물질은 ?

① 당분 　　　　　　　　　　② 글리세린

③ 알코올 　　　　　　　　　④ 폴리페놀

51. '프렌치 패러독스(French paradox)' 는 구체적으로 무엇을 말하는가?

① 프랑스 사람들은 개인당 와인 섭취량이 많아도 평균 수명이 길다.

② 프랑스 사람들은 개인당 와인 섭취량이 많아도 심장병 발병률이 낮다.

③ 프랑스 사람들은 개인당 와인 섭취량이 많아도 알코올 중독자 숫자가 적다.

④ 프랑스 사람들은 개인당 와인 섭취량이 많아도 간질환 환자가 적다.

52. 레드와인에서 붉은 색깔과 떫은맛을 주는 성분 등을 총괄하여 무엇이라고 하나?

① 폴리페놀(Polyphenol) 　　　　② 논플라보노이드(Nonflavonoids)

정답　49.① 50.③ 51.② 52.①

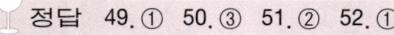

③ 레스베라트롤(Resveratrol)　　④ 중합체(Polymer)

53. 다음 중 폴리페놀(Polyphenol) 성분이 아닌 것은?

① 글리세롤(Glycerol)　　② 레스베라트롤(Resveratrol)

③ 안토시아닌(Anthocyanin)　　④ 타닌(Tannin)

54. 와인의 건강학적 측면에서 가장 큰 효과는?

① 근육계 기능 강화　　② 뼈 기능 강화

③ 심혈관 기능 강화　　④ 신경기능 강화

55. 와인의 성분 중 동맥경화예방에 효능이 있는 것은?

① 알코올　　② 수분

③ 비타민　　④ 폴리페놀

해설 와인의 성분을 분석하면 수분 85%, 알코올 9~14% 정도이고 나머지는 당분, 비타민, 유기산, 각종 미네랄, 폴리페놀(동맥경화 예방에 효능이 있는 카테킨 등)로 나누어진다.

56. 와인은 (　) 음료로 무기질이 많은 건강음료이다. 다음 중 (　)안에 들어갈 알맞은 것은?

① 알칼리성　　② 칼슘

③ 이온　　④ 인

해설 와인은 알칼리성 음료로 적당한 양을 섭취하면 무기질 섭취에 도움이 된다.

57. 와인에 대한 설명이다. 틀린 것은?

① 와인은 철분흡수량을 증가시킨다.

② 당분이 없는 와인은 당뇨환자에게 좋다.

③ 샴페인은 이뇨작용을 돕는다.

정답　53. ①　54. ③　55. ④　56. ①　57. ④

④ 와인은 근육계를 강화시킨다.

58. 세계 3대 블루치즈가 아닌 것은?

① 로크포르(Roquefort)　　　② 스틸톤(Stilton)

③ 고르곤졸라(Gorgonzola)　　④ 파르메산(Parmesan)

59. 다음 중 우유를 응고시킨 것으로 치즈의 원료가 되는 물질은?

① 커드(Curd)　　　② 유장(Whey)

③ 레닌(Rennin)　　　④ 유당(Lactose)

60. 프랑스에서 가장 많이 팔리는 치즈는?

① 로크포르(Roquefort)

② 콩테(Comté)

③ 카망베르(Camembert)

④ 블뢰 데 코스(Bleu des Causses)

61. 흔히 '파마산'이라고 부르는 치즈의 정식 명칭은?

① 고르곤졸라(Gorgonzola)

② 파르미지아노 레지아노(Parmigiano Reggiano)

③ 프로볼로네(Provolone)

④ 모차렐라 디 부팔라(Mozzarella di Bufala)

62. 빈티지 차트(Vintage Chart)는 무엇을 지칭하는 용어인가?

① 수확한 해의 와인양을 나타내는 목록

② 수확한 해의 와인품질을 지역별로 나타낸 목록

③ 와인 생산량을 나타낸 목록

정답　58.④　59.①　60.②　61.②　62.②

④ 와인 생산업자 명단

🍇해설 빈티지 차트(Vintage Chart)는 수확한 해의 와인품질을 지역별로 나타낸 목록을 지칭하는 용어이다.

63. 일반적으로 와인 리스트를 작성할 때 맨 처음에 기재되는 항목은?

① 레드와인   ② 스파클링 와인

③ 로제와인   ④ 화이트와인

🍇해설 와인 리스트 구성 시 스파클링-화이트-로제-레드-디저트 와인 순으로 식사 순에서 유추하면 쉽게 이해할 수 있음

64. 오크통의 주요 재질은 무엇인가?

① 참나무   ② 대나무

③ 버드나무   ④ 배나무

65. 다음 중 오크통을 만드는 기술자를 지칭하는 용어는 무엇인가?

① 쿠퍼   ② 메이드

③ 메이커   ④ 쿠파드

🍇해설 오크통을 만드는 것을 '쿠퍼리지(Cooperage)' 라고 부르고 오크통 만드는 기술자를 '쿠퍼' 라고 부른다.

66. 코르크 마개를 가장 많이 생산하는 나라는?

① 프랑스   ② 스페인

③ 이탈리아   ④ 포르투갈

67. 미국 변호사 출신으로 세계 각국에서 생산되는 와인을 100점 만점으로 점수를 매겨 세계적인 와인 평론가로서 유명한 사람의 이름은?

① 젠시스 로빈슨(Jancis Robinson)

🍷 정답 63. ②   64. ①   65. ①   66. ④   67. ②

② 로버트 파커(Robert Parker)

③ 레온 아담스(Leon Adams)

④ 로버트 몬다비(Robert Mondavi)

68. 1 Pint는 Ounce로 환산하면 얼마인가?

① 32 oz   ② 16 oz

③ 8 oz   ④ 4 oz

69. 화씨 50도는 섭씨 몇 도인가?

① 0도   ② 10도

③ 20도   ④ 30도

해설 ℃ × 9/5 + 32 = ℉, ℉ - 32 × 5/9 = ℃
예) 50 ℉는 (50 - 32) × 5/9 = 10 ℃

제1절 알코올과 술의 개요

1. 알코올

술에 들어 있는 알코올은 에틸알코올(Ethyl alcohol) 혹은 에탄올(Ethanol)이라고도 한다.

2. 알코올의 농도표시

우리나라에서는 술 100ml에 들어있는 알코올의 ml를 수로 표현, 주세법에는 '주정도'라 하여 도(度)라는 단위를 사용한다. 10도 = 10% 알코올 농도

 프루프(Proof) : 우리가 사용하는 %농도에 2배를 하여 나타낸 수치이다. 즉 80 Proof는 40%(40도)

3. 알코올 발효

알코올 발효는 설탕, 포도당과 같은 당분이 효모(Yeast)의 작용으로 알코올과 탄산가스로 변하는 과정이다.

당분 + 효모(Yeast) → 알코올 + 탄산가스

4. 술의 분류

(1) 양조주

알코올 발효가 끝난 술을 직접 또는 여과하여 마시는 술을 말한다.

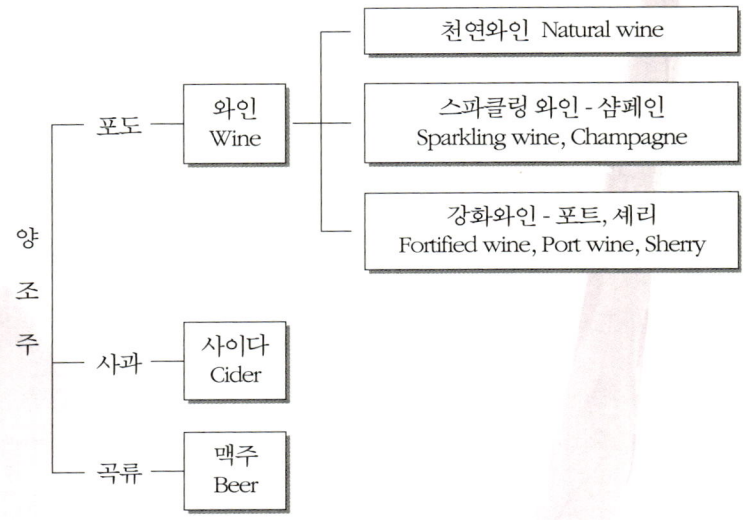

 사이다(Cider, 프랑스어로는 시드르(Cidre))는 우리나라와 일본에서는 탄산음료를 가리키는 말이지만, 원래는 사과주에서 유래된 말이다.

(2) 증류주

양조주를 증류하면 증류주가 된다. 증류는 알코올과 물의 끓는점의 차이를 이용하여 고농도 알코올을 얻어내는 과정이다.

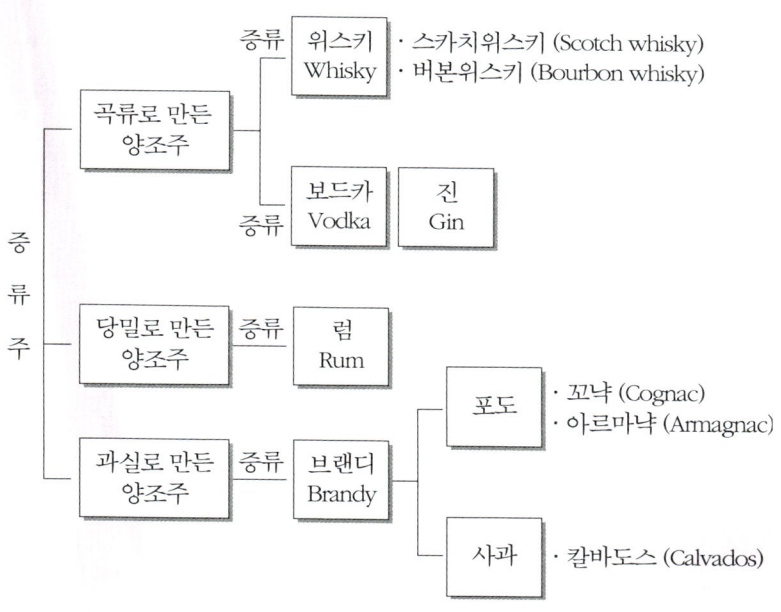

(3) 혼성주

증류주에 다른 종류의 술을 혼합하거나 식물의 뿌리, 열매, 과즙, 색소 등을 첨가하여 만든 새로운 술이다.

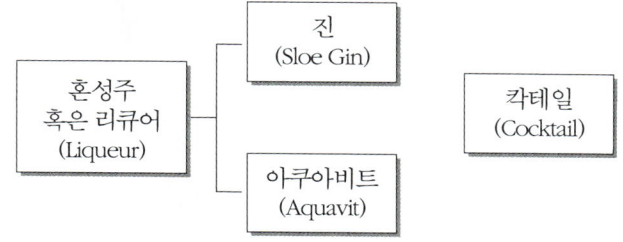

5. 위스키(Whisky)

(1) 개요

위스키는 곡물을 발효시켜 만든 양조주를 증류한 것으로 나무통에 넣어서 오래 숙성시킨 것으로 나무통도 하나의 재료가 된다. 밀주에서 유래되어 세계적인 명주가 되었다. 몰트위스키(Malt Whisky), 그레인위스키(Grain Whisky), 블렌디드위스키(Blended Whisky)로 구분한다.

(2) 위스키의 명산지

① 스코틀랜드 위스키(Scotch Whisky)
② 아일랜드 위스키(Irish Whiskey)
③ 미국 위스키(American Whiskey)
④ 캐나다 위스키(Canadian Whisky)
⑤ 일본 위스키(Japanese Whisky)

6. 브랜디(Brandy)

(1) 개요

좋지 않은 와인을 증류하여 명주로 만든 것이다.

All brandy is not cognac, but all cognac is brandy(모든 브랜디가 코냑은 아니지만, 코냑은 모두 브랜디이다). 식사코스가 완전히 끝난 후, 한 잔으로 만족하면서 마신다. Brandewijin(타는 와인) - Brandywine - Brandy

(2) 브랜디의 명산지

① 코냑지역 - 코냑(Cognac)

② 아르마냑 지역 - 아르마냑(Armagnac) : 포도

칼바도스(Calvados) : 사과

7. 보드카(Vodka)

러시아를 비롯한 북유럽의 술로서 요즈음에는 칵테일 베이스로 사용되면서 세계에서 가장 많이 팔리는 술이 되었다. 원래는 자작나무 숯으로 여과하여 만들었지만, 오늘날에는 연속식 증류장치를 이용하여 증류한 다음 숯을 통과시켜 불순물을 제거하여 향기를 좋게한다. 원료는 특별히 정해진 것이 없다.

8. 진(Gin)

17세기 중엽 네덜란드 의과대학 교수 프랑시스 뒤보아가 발명한 것으로 이뇨제 성분이 있는 노간주나무 열매(Juniper berry)의 성분을 추출하기 위해서 이 열매를 알코올에 넣고 증류하다가 발명되었다. 처음에는 이뇨, 건위, 해열에 효과가 있는 약용술로서 판매되었다가 술이 되었다.

9. 럼(Rum)

사탕수수에서 설탕을 추출하고 남은 당밀로 만든다. 이 당밀은 당분이 많고 엄청난 양이 생산되기 때문에 값이 싸다. 그래서 럼은 하급주로 인식이 되었다. 오크통에 숙성시켜 향미가 강한 헤비 럼을 만들기도 하며, 색깔에 따라 화이트, 골드, 다크로 구분한다.

10. 테킬라(Tequila)

　멕시코 특산주로 용설란의 일종인 마게이(Maguey, 영어로는 Agave) 줄기의 밑둥치를 가열하여 나온 당액을 발효시켜 증류하여 숙성한 것이다. 멕시코 하리스코(Jalisco)주 테킬라에서 나오는 Maguey tequileana로 만든 것을 테킬라라고 하며, 다른 품종으로 만든 것은 메스칼(Mezcal)이라고 한다.

적중예상문제

01. 다음 중 비알콜성 음료의 분류가 아닌 것은?
① 기호음료 　　　　　　　② 청량음료
③ 영양음료 　　　　　　　④ 유성음료

02. 알코올 12도인 와인 한 병(750㎖)에 들어있는 순수 알코올의 양은?
① 12㎖ 　　　　　　　② 48㎖
③ 90㎖ 　　　　　　　④ 96㎖

03. 다음 중 단발효주에 해당되는 주류는?
① 맥주 　　　　　　　② 청주
③ 와인 　　　　　　　④ 탁주
　🍷해설 복발효주의 원료는 주로 전분(녹말)이 원료인 곡류이다.

04. 스파클링 와인에서 발생하는 기포의 주성분은?
① 질소 　　　　　　　② 산소
③ 탄산가스 　　　　　　④ 아황산가스

05. 다음 스파클링 와인 중 압력이 가장 약한 것은?
① 카바(Cava) 　　　　　② 페티앙(Pétillant)
③ 크레망(Crémant) 　　　　④ 젝트(Sekt)

06. 다음 중 강화 와인(Fortified wine)에 해당되는 것은?

정답　**01.** ④　**02.** ③　**03.** ③　**04.** ③　**05.** ②　**06.** ①

① 포트(Port)

② 립프라우밀히(Liebfraumilch)

③ 앙주 로제(Anjou Rosé)

④ 보졸레(Beaujolais)

07. 강화 와인(Fortified wine)을 만들기 위해서 혼합하는 주류는?

① 위스키(Whisky) ② 진(Gin)

③ 럼(Rum) ④ 브랜디(Brandy)

해설 강화 와인은 발효 중 또는 발효 후에 알코올 도수가 높은 브랜디(Brandy)를 1~5%정도 첨가하여 알코올 함유량을 15%이상으로 만든 것이다.

08. 증류주를 설명한 것 중 알맞은 것은?

① 발효주를 가열하여 고농도 알코올로 분리하여 만든 술을 말한다.

② 과실의 향료를 혼합하여 향기와 감미를 첨가한 것을 말한다.

③ 주로 맥주, 와인, 양주 등을 말한다.

④ 탄산성 음료를 증류주라고 한다.

09. 다음 중 제조공정에서 증류하지 않은 것은?

① 럼(Rum) ② 진(Gin)

③ 시드르(Cidre) ④ 보드카(Vodka)

해설 시드르(Cidre)는 사과로 만든 발효주이다.

10. 다음 중 곡류로 만든 양조주를 증류한 것이 아닌 주류는?

① 위스키(Whisky) ② 증류식 소주

③ 고량주 ④ 럼(Rum)

해설 럼(Rum)은 사탕수수 찌꺼기(당밀)로 제조한다.

정답 **07.** ④ **08.** ① **09.** ③ **10.** ④

11. 다음 중 와인으로 만든 증류주는?
    ① 위스키(Whisky)   ② 브랜디(Brandy)
    ③ 진(Gin)   ④ 럼(Rum)

12. 다음 중 프랑스에서 생산되는 칼바도스(Calvados)는 어느 종류에 주류인가?
    ① 브랜디(Brandy)   ② 진(Gin)
    ③ 와인(Wine)   ④ 위스키(Whisky)

13. 칼바도스(Calvados)의 주원료는?
    ① 사과   ② 체리
    ③ 오렌지   ④ 자두

14. 다음 중 멕시코산 증류주는?
    ① Irish whisky   ② Tequila
    ③ Bourbon   ④ White horse

15. 다음 중 혼성주(Liqueur)를 가장 바르게 설명한 것은?
    ① 과일 중에 함유된 과당에 효모를 적용시켜서 발효하여 만든 술
    ② 곡류 중에 함유된 전분을 당화효소로 당화 시킨 후 효모를 작용시켜 발효하여 만든 술
    ③ 물과 알코올의 다른 기화점을 이용하여 양조주를 가열하여 얻어낸 농도 짙은 술
    ④ 증류주 혹은 양조주에 초근목피, 향료, 과즙, 당분을 첨가하여 만든 술

정답 11.② 12.① 13.① 14.② 15.④

Chapter 3. 주류학 개론   155

16. 다음 중 혼성주가 아닌 것은?

① 테킬라 　　　　　　　　② 압상트

③ 샤르트뢰즈 　　　　　　④ 베네딕틴

해설 테킬라의 원료는 용설란이다.

17. 상그리아(Sangria) 칵테일의 주재료는?

① 레드와인(Red wine) 　　② 화이트와인(White wine)

③ 브랜디(Brandy) 　　　　④ 트리플 섹(Triple sec)

18. 스카치 위스키(Scotch Whisky)의 원산지는?

① 네덜란드 　　　　　　　② 잉글랜드

③ 스코틀랜드 　　　　　　④ 아일랜드

19. 스카치 위스키(Scotch Whisky)의 주원료는?

① 호밀 　　　　　　　　　② 옥수수

③ 보리 　　　　　　　　　④ 감자

20. 다음 중 브랜디(Brandy)에 속하지 않는 주류는?

① 코냑(Cognac) 　　　　　② 아르마냑(Armagnac)

③ 칼바도스(Calvados) 　　④ 버본(Bourbon)

해설 버본(Bourbon)은 옥수수를 주원료로 만든 미국 위스키(Whiskey)이다.

21. 프랑스 남서부 지역(Sud-Ouest)에서 브랜디(Brandy)로 유명한 곳은?

① 아르마냑(Armagnac) 　　② 코냑(Cognac)

③ 칼바도스(Calvados) 　　④ 마디렁(Madiran)

정답 　16. ① 　17. ① 　18. ③ 　19. ③ 　20. ④ 　21. ①

22. 이탈리아에서 와인을 만들고 남은 포도찌꺼기로 만든 브랜디(Brandy)로 출발하여 유명해진 것은?

① 그라파(Grappa) ② 미스텔라(Mistella)

③ 리커로소(Liquoroso) ④ 갈리아노(Galliano)

23. 다음 설명 중 잘못된 것은?

① 모든 코냑(Cognac)은 브랜디에 속한다.

② 모든 브랜디는 포도로 만든다.

③ 코냑지역에서 생산되는 브랜디만이 코냑이다.

④ 코냑은 포도를 주재료로 한 증류주의 일종이다.

24. 다음은 무엇에 대한 설명인가?

> 목탄과 모래로 여과하고 무색, 무취로 칵테일 기주로 많이 사용한다.

① 진(Gin) ② 테킬라(Tequila)

③ 보드카(Vodka) ④ 럼(Rum)

25. 럼(Rum)의 주원료는?

① 선인장 ② 용설란

③ 당밀 ④ 감자

26. 주류의 상표에 기재해야 할 필수 사항이 아닌 것은?

① 제조장의 위치 ② 상표명

③ 보존기간 ④ 첨가물의 명칭

27. 현행 주세법에서 분류한 주류에 해당되지 아니하는 것은?

정답 22. ① 23. ② 24. ③ 25. ③ 26. ③ 27. ④

① 주정   ② 브랜디(Brandy)

③ 리큐어(Liqueur)   ④ 와인(Wine)

해설 주세법에는 와인을 '과실주'로 분류함

28. 다음 주류 중 주세가 가장 높은 것은?

① 맥주   ② 청주

③ 과실주   ④ 약주

29. 주세법에서 주류(술)로 규정하는 주정도의 기준은?

① 주정도 0.1도 이상의 음료

② 주정도 0.5도 이상의 음료

③ 주정도 1도 이상의 음료

④ 주정도 2도 이상의 음료

30. 외국에서 와인을 수입하였는데, 도착가(CIF)가 10,000원이 되었다. 수입업자가 제세공과금을 모두 지불하고 나면 약 얼마나 되는가?

① 약 13,000원   ② 약 17,000원

③ 약 20,000원   ④ 약 24,000원

와인 용어

와인 용어

 독일 스 스페인 프 프랑스 포 포르투칼 이 이탈리아

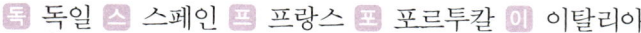

[A]

❧ Abfullung(압퓔룽)

독 주병.

❧ Acetaldehyde(아세트알데히드)

발효 때 생성되는 물질로서 자극적인 냄새가 있으며, 와인이 산화될 때 많이 생성되어 셰리 냄새를 풍김.

❧ Acid(애시드)

산(酸). 신맛을 내며, 와인을 오래 보관하는데 기여함.

❧ Acidification(애시디피케이션)

산도가 약한 머스트에 산을 첨가하는 일.

❧ Adega(아데가)

포 와인을 저장하는 곳으로 주로 지상에 있음.

❧ Aeration(에어레이션)

와인을 공기와 접촉시키는 일.

❧ After taste(에프터 테이스트)

와인을 마시고 난 다음에도 입 안에 남아있는 향미.

🍷 Albariza(알바리사)
> 스 규조토가 퇴적된 백색 토양으로 스페인 남부 셰리가 나오는 지역에 분포.

🍷 Amabile(아마빌레)
> 이 '아보카토' 보다 더 달콤할 때 쓰는 표현.

🍷 Amaro(아마로)
> 이 쓴맛을 표현하는 용어로 이탈리아에서는 긍정적인 의미로 쓰임.

🍷 Amelioration(어밀리어레이션)
> 포도즙의 당도와 산도를 조절하기 위하여 설탕이나 물 등을 첨가하는 일.

🍷 Amino acid(아미노 애시드)
> 아미노산. 단백질이 분해하여 생기는 물질.

🍷 Ampelography(앰펠로그라피)
> 포도의 분류를 연구하는 학문.

🍷 Amphora(앰퍼러)
> 고대 그리스, 로마에서 와인이나 기름을 넣던 토기로 두 개의 손잡이가 있음.

🍷 Anejo(아네호)
> 스 오래된. 공식적인 용어는 아님.

🍷 Angelica(앤젤리커)
> 요즈음은 보기 힘든 미국의 강화와인.

🍷 Annata(아나타)
> 이 수확 혹은 빈티지.

- Anthocyanin(안토시아닌)

  붉은 색소의 일종. 적포도의 주요 색소.

- Apéritif(아페리티프)

  프 식전주.

- Apre(아프르)

  프 타닌 함량이 많아서 거칠게 느껴지는.

- Arena(아레나)

  스 모래. 셰리 나오는 지역의 '알바리사' 보다 더 거친 토양.

- Arome(아롬)

  프 향.

- Arrope(아로페)

  스 셰리의 색깔과 당도를 높이기 위해 첨가하는 농축 포도주스.

- Assemblage(아상블라주)

  프 나무통에 들어있는 와인끼리 섞는 것, 즉 블렌딩, 주로 프랑스 보르도와 샹파뉴 지역에서 사용하는 용어.

- Astringent(어스트린전트)

  수렴성의, 와인 따위의 떫은.

- Autoclave(오토클라베)

  이 아스티 등 스파클링와인 만드는 방식 = Charmat Process.

🍷 Autolysis(오톨리시스)

　자가분해. 와인이 이스트 찌꺼기 위에 있을 때 이스트가 분해되어 특정한 향을 부여하는 현상.

🍷 Azienda Agricola(아치엔다 아그리콜라)

　[이] 포도밭에서 포도를 재배하고 와인을 만들었을 때 이렇게 표시한다. Az. Ag. 약자로 표시하기도 함.

[B]

🍷 Barrique(바리크)

　[프] 보르도의 225 *l* 나무통.

🍷 Baume(보메)

　[프] 프랑스 당도 단위. 당분이 발효되어 생성되는 알코올 농도와 거의 비슷한 수치가 됨.

🍷 Bentonite(벤토나이트)

　가벼운 점토의 일종으로 와인을 맑게 만드는데 쓰임.

🍷 Berg(베르크)

　[독] 언덕, 산.

🍷 Bianco(비안코)

　[이] 흰색의.

🍷 Binning(비닝)

　와인을 숙성시키기 위해 병을 눕혀서 보관하는 것.

- Blanco(블랑코)
  - 스 흰 = White.

- Blau(블라우)
  - 독 파란색이지만 포도를 묘사할 때는 붉은색.

- Blush wine(블러쉬 와인)
  - 캘리포니아의 달콤하고 신선한 핑크와인.

- Bodega(보데가)
  - 스 와인을 저장하는 곳으로 주로 지상에 있음. 양조장의 뜻도 됨.

- Bordeaux mixture(보르도 믹스처)
  - 보르도액, 농약의 한 종류.

- Botte(보테)
  - 이 나무통.

- Bottiglia(보틸라)
  - 이 병.

- Bottle aging(보틀 에이징)
  - 병 숙성. 고급 레드와인에 적용되는 개념.

- Bottle sickness(보틀 시크니스)
  - 잘못된 주병으로 와인에 공기가 들어가 와인의 생동감이 없어지는 현상. 공기가 들어가지 않아도 일시적으로 이런 현상이 일어날 수 있음.

Wine Sommelier

- **Bottling(보틀링)**

  주병. 술이나 음료 등을 병에 넣는 작업.

- **Bouchon(부숑)**

  프 코르크.

- **Bouteille(부테이유)**

  프 와인 병.

- **Branco(브랑쿠)**

  포 흰색(의) = White.

- **Brix(브릭스)**

  미국, 일본, 한국에서 사용하는 당도 단위. 10% 설탕물이면 10 Brix.

- **Burg(부르크)**

  독 성(城).

- **Bulk Process(벌크 프로세스)**

  = Charmat Process.

- **Bulk wine(벌크 와인)**

  병에 들어있지 않은 와인이란 뜻으로 대용량의 용기로 거래되는 와인.

- **Butt(부트)**

  스 스페인 셰리의 500 *l* 용량의 나무통.

[C]

▼ Cantina(칸티나)

    이 와인셀러 혹은 와이너리.

▼ Canopy(캐노피)

    포도나무에서 잎과 줄기가 차지하는 부분.

▼ Cap(캡)

    레드와인 발효 시 위로 떠오르는 껍질 층.

▼ Capsule(캡슐)

    포장된 와인 병의 윗부분 즉 코르크와 병구를 둘러싼 장식.

▼ Carafe(커레프, 카라프)

    와인 서빙용 유리병. 보통 값싼 와인 서빙에 사용.

▼ Cask(캐스크)

    나무통, 크기에 따라 여러 종류가 있음. 'Barrel' 과 같은 뜻이지만, Cask는 이동성이 없는 나무통을 지칭하는 경우에 사용됨.

▼ Casta(카스타)

    포 포도 품종.

▼ Caudalie(코달리)

    프 와인을 삼키거나 뱉은 다음에 입안에서 향이 남아있는 시간을 측정하는 단위로서 1 코달리는 1 초에 해당됨.

♥ Cava(카바)
　　스 와인을 저장하는 곳이지만, 샴페인 방식으로 만든 스파클링와인을 말함.

♥ Cave(캬브)
　　프 와인을 제조, 저장하는 곳, 보통 지하에 설치되어 있음.

♥ Caves(카베스)
　　포 셀러. 와인 양조장 혹은 회사.

♥ Cellar(셀러)
　　와인을 저장하는 곳이란 뜻이지만, 요즈음은 와인 파는 곳, 와인 전용 냉장
고 등도 이렇게 부름.

♥ Cellar master(셀러 마스터)
　　와인제조 책임자.

♥ Centrifuge(센트리퓌지)
　　원심분리. 원심력을 이용하여 중량이 큰 물질을 분리하는 조작.

♥ Cepa(세파)
　　스 포도품종, 포 포도나무.

♥ Cépage(세파주)
　　프 포도품종.

♥ Chai(섀)
　　프 주병하기 전 와인을 저장하는 곳으로 주로 지상에 있어서 'Cave' 와 구
별된다. 주로 보르도 지역에서 사용하는 용어.

Chalk(초크)

백악질 토양. 석회암의 한 종류로서 백악질 토양은 부드럽고 시원하며 다공성 백색토로서 뿌리를 깊게 뻗도록 만들어 배수를 좋게 해주며 동시에 보수력도 갖추고 있음.

Chambrer(샹브레)

프 와인을 마시기 전에, 저장실에서 와인을 마시는 장소로 가져와서 실내 온도와 동일한 온도를 유지하도록 실내에 방치시키는 일. 주로 레드와인에 적용되는 용어.

Chandelle(샹델)

프 디캔팅용 초.

cl(센티 리터)

l 의 1/100. 1 cl = 10 ml

Clairet(클레레)

프 영어로는 "Claret"으로 프랑스 보르도 지역의 레드와인을 뜻함.

Classico(클라시코)

이 DOC 지역의 중심으로 예전부터 있었던 명산지.

Clavelin(클라블랭)

프 쥐라 지역의 샤토 샬롱에서 사용하는 620 ml 병.

Clay(클레이)

점토. 입자가 가는 충적토로서 유연하고 가소성을 가지고 있으며 특히 보수력이 좋지만 비교적 물성이 차고 산성이며 배수가 불량함. 점토가 많으면 포도 뿌리가 질식하지만, 소량 섞여 있으면 이점이 있음. 입자 크기는 1/256 ㎜ 이하.

Climat(클리마)

🇫🇷 기후, 풍토라는 뜻이지만, 부르고뉴에서는 특정 포도밭을 뜻함.

Clone(클론)

동일한 유전적 특성을 가진 집단으로 같은 품종에서 여러 가지 클론으로 나눌 수 있음.

Clos(클로)

🇫🇷 부르고뉴 지역의 '담으로 둘러싸인 포도밭'에서 나온 말로 요즈음은 고급 포도원을 뜻함.

Colheita(콜라이타)

🇵🇹 빈티지(수확년도), 수확.

Collage(콜라주)

🇫🇷 정제. 와인에 계란 흰자 등을 넣어 맑게 만드는 일. = Finning.

Commune(코뮌)

🇫🇷 시, 읍, 면 등을 뜻하지만, 원산지 명칭도 됨.

Complex(콤플렉스)

복합성, 고급 와인의 향을 묘사할 때 사용하는 용어.

Cooperage(쿠퍼리지)

와인을 담는 나무통 혹은 그것을 만드는 일.

Cooperativa(코페라티바)

🇮🇹 협동조합.

- Coopérative(코어페라티브)

  프 협동조합.

- Corkage(코르키지)

  레스토랑 등에서 손님이 가져온 와인을 마실 경우, 마개를 따주고 받는 요금.

- Cosecha(코세차)

  스 수확 및 수확년도.

- Côte(코트)

  프 원래는 '언덕진 포도밭' 뜻이지만 와인 관련 포도원을 뜻함.

- Coteau(코토)

  프 작은 언덕. 포도밭.

- Courtier(쿠르티에)

  프 브로커로서 소규모 업자의 와인을 통 단위로 구입하여 네고시앙에게 중개하는 업자.

- Cradle(크래들)

  오래 숙성시킨 고급 와인을 담는 바구니.

- Criadera(크리아데라)

  스 셰리의 솔레라 시스템에서 쌓아놓은 나무통의 단을 뜻하는 용어.

- Criado y embotellado por(크리아도 이 엠보테야도 포르)

  스 포도 재배한 곳에서 주병한.

Crianza(크리안자)

🟥 숙성시킨.

Cross(크로스)

같은 종을 교잡시켜 만든 잡종.

Cru(크뤼)

🟪 특정 포도밭 혹은 거기서 생산되는 와인.

Crush(크러쉬)

캘리포니아에서 사용하는 용어로서 포도의 파쇄를 말하지만, 포도 수확을 뜻하기도 함.

Crust(크러스트)

침전물, 특히 빈티지 포트의 병 속 침전물을 지칭함.

Cutting(커팅)

꺾꽂이나 접붙이기를 하기 위해 자른 순.

Cuvaison(퀴베종)

🟪 레드와인 발효 시 색깔과 타닌 등을 우려내기 위해 껍질과 주스를 함께 발효시키는 조작.

Cuvée(퀴베)

🟪 와인을 발효 혹은 블렌딩하는 탱크라는 뜻이지만, 일정한 질을 가진 한 단위의 와인을 말함.

- Cuvée close(퀴베 클로스)

  프 '샤르마 프로세스(Charmat process)'에서 발포성 와인을 2차 발효시키기 전에 블렌딩 해놓은 와인.

[D]

- Debourbage(데부르바주)

  프 화이트와인 제조 시, 압착하여 나온 주스를 정착시켜서 찌꺼기를 가라앉히는 작업.

- Décanteur(데캉퇴르)

  프 디캔터.

- Degree-Days(디그리 데이스)

  적산온도. = Heat Summation.

- Dégustation(데귀스타시옹)

  프 테이스팅.

- Demi, Demie(드미)

  프 절반의(Half).

- Dépot(데포)

  프 와인의 침전물.

- Destemmer(디스테머)

  포도송이에서 가지를 제거하는 기계.

- Doce(도세)
    포 단맛(의) = Sweet.

- Dolce(돌체)
    이 아주 단.

- Domaine(도맨)
    프 소유지, 영지의 뜻. 주로 부르고뉴 지역의 와인 제조업체를 가리키는 용어.

- Domäne(도매네)
    독 = Domaine.

- Doux(두)
    프 스위트.

- Dry(드라이)
    달지 않고 건조한.

- Dulce(둘세)
    스 스위트.

[E]

- Edelfaule(에델패울레)

  [독] 보트리티스 곰팡이.

- Edikett(에디케트)

  [독] 상표.

- Egrappage(에그라파주)

  [프] 포도송이에서 가지를 제거하는 일.

- Elevage(엘레바주)

  [프] 발효에서 주병까지 와인제조의 전반을 뜻하는 용어. 원래는 목축, 사육의 뜻.

- Eleveur(엘르뵈르)

  [프] 사육하는 사람이란 뜻이지만, 영 와인을 구입하여 숙성, 주병하는 사람을 말함.

- Embotellado por(엠보테야도 포르)

  [스] Bottled by.

- Engarrafado na origem(앵가라파도 나 오리헹)

  [프] 포도를 재배한 곳에서 주병한. = Estate bottled.

- Enologist(이놀러지스트)

  와인을 제조를 연구하는 사람. 프랑스어로는 Oenologiste.

🍷 Enology(이놀러지)

와인 양조학. 프랑스어로는 Oenologie.

🍷 Enoteca(에노테카)

[이] 와인을 전시하고 구매할 수 있는 장소로서 유명산지에 화려하게 꾸며 놓은 곳이 많음.

🍷 Erzeugerabfüllung(에르초이거압필룽)

[독] 생산자가 주병한.

🍷 Espumante(에스푸만트)

→ Vinho Espumante.

🍷 Espumoso(에스푸모소)

[스] [포] 스파클링와인. 샴페인 방식은 카바(Cava).

🍷 Estate-bottled(에스테이트 보틀드)

와인이 만들어진 곳에서 주병한.

🍷 Ester(에스터)

에스테르. 와인의 향을 형성하는 주성분.

🍷 Estufa(에스투파)

[포] 스페인어 원래는 '난로'를 뜻하는 것이지만, 와인과 관련해서는 마데이 라를 가열하는 곳을 뜻함.

🍷 Etichetta(에티케타)

[이] 상표.

Etiquette(에티케트)
프 상표.

[F]

Fas(파스)
독 나무통.

Fattoria(파토리아)
이 토스카나 지역에서 사용하는 용어로 농장 혹은 포도밭.

Fermentation(퍼멘테이션)
발효.

Fiasco(피아스코)
이 플라스크. 와인에서는 짚으로 둘러싼 키안티 병.

Filtration(필트레이션)/Filtering(필터링)
여과.

Finesse(피네스)
균형 잡힌 와인을 표현하는 용어로 솜씨라는 뜻.

Fining(파이닝)
청징. 와인이나 주스에 첨가제 등을 넣어서 맑게 함.

Finish(피니쉬)

Wine Sommelier

= After taste.

▼ Flasche(플라슈)
　　독 병.

▼ Foulage(풀라주)
　　프 포도송이를 터뜨리는 작업.

▼ Frizzante(프리찬테)
　　이 약 발포성인.

▼ Fructose(프룩토스)
　　과당. 과실의 당분을 형성하고 있는 당분의 일종.

[G]

▼ Gallo Nero(갈로 네로)
　　이 검은 수탉. 키안티 클라시코에 붙는 마크.

▼ Garrafa(가하파)
　　포 병.

▼ Garrafeira(가하페이하)
　　포 고급 와인이란 뜻으로 각 지역 사무소의 인증을 받은 것.

▼ Generoso(헤네로스)
　　스 특정지역(Condado de Huelva, Jerez, Montilla-Moriles, Manzanilla)에서 나오는 알코올 농도 15 % 이상의 강화 와인.

Glucose(글루코스)

포도당, 포도의 당분을 형성하고 있는 당분의 일종, 녹말이 분해되면 포도당이 됨.

Glycerol(글리세롤), Glycerine(글리세린)

와인의 중요성분. 무색의 끈적끈적한 단맛 있는 액체. 지역이 분해될 때 지역산과 함께 생성됨.

Gout(구)

프 맛.

Gradazione Alcoolica(그라다치오네 알콜리카)

이 알코올 용량%.

Grafting(그래프팅)

접붙이기.

Granite(그래닛)

화강암. 심성암 중 가장 분포가 넓고 우리나라의 암석의 2/3를 차지하고, 쉽게 더워지며 열을 간직함. 보졸레의 신맛이 강한 가메 포도에는 가장 좋은 토양임.

Gravel(그래벌)

자갈. 여러 가지 크기의 규산질 자갈을 일컫는 광범위한 용어. 이 토양은 푸석 푸석하며 입자로 구성되어 통기성이 좋고 배수가 잘 되며, 또 산성이면서 척박하여 뿌리가 영양분을 찾아 깊게 뻗기 때문에 석회질 하층토 위에 있는 자갈층에서 생산된 와인은 점층 하층토에 있는 것에 비해 산도가 높음. 학계에서는 크기가 2~4 ㎜ 사이인 것을 말함.

- Greffage(그레파주)

  프 = Grafting.

- Gutsabfullung(구츠압퓔룽)

  독 포도재배한 곳에서 주병한.

[H]

- Head space(헤드 스페이스)

  나무통이나 병에 술을 채우고 남는 공간 = Ullage.

- Heat Summation(히트 서메이션)

  = Degree-days.

- Herdade(에르다데)

  포 포도밭, 농장.

- Hock(호크)

  독일의 라인와인을 영어를 사용하는 나라에서 지칭하는 말. "Hochheim"에
  서 유래되었음.

- Hogshead(혹스헤드)

  나무통. 용량은 여러 가지가 있음.

- Humus(휴머스)

  부식(腐植). 박테리아 등 미생물이 들어있는 유기물로서 토양을 기름지게

만듦.

[I]

▼ Imbottigliato(임보틸랴토)
　　[이] 주병.

[J]

▼ Jahrgang(야어강)
　　[독] 빈티지.

[K]

▼ Keller(켈러)
　　[독] 와인 저장실. = Cellar.

▼ Kosher Wine(코셔 와인)
　　유태교 랍비의 감독으로 엄격하게 만드는 와인으로 동물성 첨가제를 넣을
수 없음. 여러 가지가 있지만, 스위트 레드와인이 많음.

[L]

▼ Lactic acid(락틱 애시드)

젖산, 유산, 포도 내에 있는 유기산의 일종.

Lagar(라가)
🇪🇸 포르투갈어. 포도를 발로 밟아서 으깰 때 쓰이는 돌로 만든 용기.

Lage(라게)
🇩🇪 단일 포도밭.

Lagrima(라그리마)
🇪🇸 눈물. 프리 런 주스로 만든 와인.

Larmes(라름)
🇫🇷 = Leg.

Lees(리스)
와인 발효 시 생성되는 찌꺼기. 프랑스어로는 Lie(리).

Leg(레그)
글라스에서 와인을 흔들었을 때 글라스 내부에 눈물같이 흘러내리는 현상으로 알코올 농도가 높을수록 많이 형성됨. = Tear.

Leger(레제)
🇫🇷 가볍고 상쾌한 와인이나 알코올 함량이 낮은 (와인).

Lese(레제)
🇩🇪 수확.

Levures(르뷔르)
🇫🇷 효모.

Licoroso(리코로소)

스 포 알코올 농도 15 % 이상인 강화와인.

Lie(리)

프 = Lees.

Lime(라임)

석회, 특히 생석회(CaO).

Lime stone(라임 스톤)

석회석. 퇴적암의 일종으로 탄산염으로 된 것. 와인 산지에서 석회석은 백색, 회색, 담황색이 가장 많고, 강도와 보수력이 다양하고 알칼리성임.

Liquoreux(리코뢰)

프 아주 단, 보트리티스 포도에서 얻는 단맛.

Liquoroso(리쿼로소)

→ Vino Liquoroso.

Liteau(리토)

프 서비스용 하얀 천.

Loam(로움)

옥토. 성질이 따뜻하고 부스러지기 쉬운 것으로 점토, 모래, 미사(Silt)의 비율이 비슷하여 대량생산하는 평범한 와인에 완벽한 토양이며, 고급 와인에는 너무 기름지다고 할 수 있음.

Loess(뢰스, 레스, 러스)

부록

풍적 황토. 미시시피 강 유역, 라인 강 유역, 중국 북부 등지가 유명함. 즉 점토가 바람에 날려 와서 쌓인 것. 주로 미사(silt)로 이루어졌으며, 석회질이지만 풍화되면서 칼슘이 없어짐. 비교적 빨리 더워지며 보수력이 좋음.

[M]

🍷 Maceration(매서레이션)
　침지.

🍷 Maceration(마세라시옹)
　프 = Maceration.

🍷 Maderization(마데라이제이션)
　화이트와인이 보관상 문제로 갈변되는 현상. 마데이라의 갈색와인에서 유래된 용어.

🍷 Maitre de chai(메트르 드 쉐)
　프 와인 양조 책임자.

🍷 Malic acid(맬릭 애시드)
　사과산. 포도 내에 있는 유기산의 일종.

🍷 Marc(마르)
　프 포도 등을 압착하여 주스나 와인을 얻어내고 남은 찌꺼기.

🍷 Marl(마를)
　이회토. 점토와 탄화된 석회로 된 토양으로 알칼리성이며 인산과 염소를 함

유한 것이 많음. 성질이 차고, 포도의 성숙을 늦추고 산도를 더해 줌.

🍷 Marlstone(마를스톤)

점토질 석회석으로 마를(Marl)과 동일한 효과를 나타냄.

🍷 May wine(메이 와인)

독일에서 유래된 허브를 첨가한 달콤하고 신선한 화이트와인으로 차게 해서 와인에 딸기를 띄워서 마심.

🍷 Metaphoric rock(메터포릭 록)

변성암.

🍷 Metodo Classico(메토도 클라시코)

[이] 샴페인 방식.

🍷 Metodo Tradicional(메토도 트라디시오날)

[스] 샴페인 방식.

🍷 Metodo Tradizionale(메토도 트라디치오날레)

[이] 샴페인 방식.

🍷 Microfilter(마이크로 필터)

정밀여과기. 일반세균까지 여과되므로 무균여과기라고 함.

🍷 Mildew(밀드유)

포도의 노균병. = Downy mildew.

🍷 Millesime(밀레짐)

[프] 빈티지.

🍷 Mis en bouteille au château(미 정 부테이유 오 샤토)

　　프 샤토에서 주병한.

🍷 Mistella(미스텔라)

　　스 포 포트, 셰리 등에서 사용하는 용어로, 알코올을 넣어서 발효를 중지시킨 포도즙.

🍷 Mistelle(미스텔)

　　프 알코올을 넣어서 발효를 중지시킨 포도즙.

🍷 ml

　　밀리리터. l 의 1/1,000. $1ml$ = 1cc = $1cm^3$

🍷 Moelleux(무알뢰)

　　프 온화하고 부드러운(와인).

🍷 Mosto(모스토)

　　이 스 포 = Must.

🍷 Moût(무)

　　프 = Must.

🍷 Mulled wine(멀드 와인)

　　레드와인에 설탕, 레몬 껍질, 향신료 등을 넣어 가열시킨 것.

🍷 Must(머스트)

　　발효시키기 전 청포도 주스나 으깬 적포도. 알코올 발효가 일어나기 전의 상태를 총칭하는 말.

▼ Mutage(뮈타주)

　🇫🇷 발효를 중단시키는 조작으로 아황산을 첨가하거나 무균여과를 하거나 고농도 알코올을 첨가하는 방법 등을 사용.

▼ Muté(뮈테)

　🇫🇷 발효시키지 않은 포도주스. 살균하여 낮은 온도에서 보관해두고 블렌딩 용도로 사용함.

[N]

▼ Natural wine(내츄럴 와인)

　강화와인에 반대되는 개념, 발효시켜서 그대로 만든 와인

▼ Negociant(네고시앙)

　🇫🇷 와인상인이나 중간 제조업자. 와인을 구입하여 숙성, 블렌딩한 후 주병하여 자기 이름으로 판매함.

▼ Nero(네로)

　🇮🇹 검은색 혹은 검붉은 색.

▼ Novello(노벨로)

　→ Vino Novello.

▼ Nuevo(누에보)

　🇪🇸 햇 와인.

[O]

🍷 Oechsle(옥슬레)

　　독 당도 단위.

🍷 Oenologiste(외놀로지스트)

　　= Enologist.

🍷 Oenology(외놀로지)

　　= Enology.

🍷 Oenotheque(외노테크)

　　프 와인을 모아서 진열해 놓는 곳.

🍷 Oidium(오이디윰)

　　흰가루병. 포도 잎과 과실에 곰팡이가 발생하여 잎을 낙엽으로 만들고, 포도알은 떨어지거나 돌포도가 됨.

🍷 Ouillage(우이야주)

　　프 = Topping.

🍷 Oxalic acid(옥살릭 에시드)

　　수산. 유기산의 일종.

🍷 Oxidation(옥시데이션)

　　산화. 와인의 경우는 공기와 과다접촉하면 변질되지만, 나무통에서는 서서히 산화되면서 숙성됨.

▼ Oxydation(옥시다시옹)

　프 = Oxidation.

[P]

▼ Palus(팔뤼)

　프 아주 기름진 충적토로서 중급의 힘 좋고 색깔 좋은 와인을 만듦.

▼ Panier(파니에)

　프 와인 바스켓.

▼ Paraffin(파라핀)

　콜타르에서 얻어낸 백색투명의 결정체. 양초의 원료.

▼ Pasada(파사다)

　스 잘 숙성된 셰리를 묘사할 때 사용하는 용어.

▼ Passito(파시토)

　이 그늘에서 몇 주 동안 말린 포도로 만든 (스위트)와인.

▼ Pasteurization(파스퇴라이제이션)

　저온살균. 파스퇴르가 고안한 살균방법.

▼ Pastoso(파스토소)

　이 미디엄 드라이.

▼ Peat soil(피트 소일)

　이탄토(泥炭土).

● Perlite(펄라이트)

가늘고 가볍고 윤기 있는 화산토. 규조토와 비슷한 성질을 가지고 있음.

● pH(페하)

용액 속에 녹아있는 수소이온 농도를 지수로 표현한 단위. 중성은 pH 7, pH 7보다 숫자가 크면 알칼리성, pH 7보다 숫자가 작으면 산성.

● Pièce(피에스)

프 228 l 용량의 나무통. 부르고뉴 지역에서 사용되는 용어.

● Pipe(파이프)

552.5 l 의 큰 오크통으로 포르투갈에서 사용하는 용어.

● Podere(포데레)

이 농장 혹은 포도밭.

● Poggio(포지오)

이 작은 언덕.

● Pomace(퍼미스)

포도 등을 압착하고 주스나 와인을 얻어내고 남은 찌꺼기.

● Porto(포르토)

미국에서 포르투갈의 포트와인을 캘리포니아 것과 구별하기 위해서, 미국으로 수출되는 모든 포르투갈 포트에 붙이는 이름.

● Powdery mildew(파우더리 밀듀)

= Oidium.

- Prädikat(프래디카트)

  독 특별히 뛰어난.

- Pruning(프루닝)

  전정. 가지치기.

- Punt(펀트)

  와인 병 바닥의 움푹 들어 간 부분. = Push up.

- Pupitre(퓌피트르)

  프 샴페인 제조 시 2차 발효가 끝난 뒤 병을 거꾸로 세워서 돌리면 침전물이 병구로 갈 수 있게 만든 선반.

[Q]

- Quinta(킨타)

  포 포도밭이란 뜻이지만, 양조시설을 갖춘 곳으로 샤토와 유사한 개념.

[R]

- Racking(랙킹)

  따라내기. 과즙이나 와인을 정치시켜 찌꺼기를 가라앉힌 다음 맑은 상등액만 따라내는 작업.

- Rancio(랑시오)

  프 산화 혹은 갈변시킨 와인. 색깔이 진하고 알코올 함량이 높은 스페인의

카탈로니아 지역의 와인도 뜻함. '오래 묵은', '케케묵은' 의 뜻.

🍷 Recioto(레초토)

　　이 그늘에서 말린 포도로 만든 스위트 와인을 베네토 지역에서 일컫는 말.

🍷 Récolte(레콜트)

　　프 수확 혹은 수확물의 뜻.

🍷 Red earth(레드 얼스)

　　= Terra rossa.

🍷 Residual Sugar(레지듀얼 슈거)

　　잔당. 알코올 발효가 끝나고 남아있는 당분.

🍷 Reserva(레세르바, 헤세르바)

　　스 포 일정 숙성기간을 만족시킨 고급 와인.

🍷 Riseva(리제르바)

　　이 최저숙성기간을 초과하는 규정을 만족시킨 와인.

🍷 Roble(로블레)

　　스 오크

🍷 Römer(뢰머)

　　독 독일의 전통적인 와인글라스. 손잡이가 길고 녹색임.

🍷 Rootstock(루트스톡)

　　접붙이기에 쓰이는 대목.

- Rosado(로사도, 호사도)
  스 포 로제

- Rosato(로사토)
  이 로제.

- Rosso(로소)
  이 붉은.

- Rotwein(로트바인)
  독 레드와인.

- Rouge(루주)
  프 붉은.

- Run off(런 오프)
  유실. 토양이 물기와 함께 흘러내리는 현상.

[S]

- Sand(샌드)
  모래. 바위의 풍화작용 산물. 물기가 거의 없고 따뜻하고 공기가 잘 통하고 배수가 좋아 필록세라가 살 수 없음. 입자 크기는 1/16~2㎜ 사이.

- Sangria(상그리아)
  스페인의 와인펀치로서 레드와인에 레몬, 오렌지, 설탕, 소다수 등을 넣어서 여름에 마시는 음료.

🍷 Schist(쉬스트)

  편암.

🍷 Schloss(쉴로스)

  독 성.

🍷 Sec(섹)

  프 단맛이 없고 건조한.

🍷 Secco(세코)

  이 드라이.

🍷 Seco(세코)

  스 포 드라이.

🍷 Sédimant(세디망)

  프 와인 침전물.

🍷 Sediment(세더먼트)

  와인 침전물.

🍷 Slate(슬레이트)

  점판암. 점토, 사암, 혈암 등이 강한 압력에서 판상으로 형성된 것으로 빨리 더워지고 열을 잘 간직하며 서늘한 지역에서 고급 와인이 나오는 지역이 됨. 모젤이 유명함.

🍷 Soda(소우더)

  소다, Na_2O.

- Soil texture(텍스쳐)

  토성.

- Spumante(스푸만테)

   스파클링와인.

- Still wine(스틸 와인)

  발포성 와인에 반대되는 개념. 발포성이 없는 보통와인.

- Stravecchio(스트라베키오)

  이 아주 오래된.

- Stuck wine(스턱 와인)

  발효 도중에 온도 상승 등으로 발효가 멈춘 와인.

- Sub soil(서브 소일)

  하층토.

- Superior(수페리오르)

  포 알코올 함량이 규정보다 1% 더 높은 고급 와인.

- Superiore(수페리오레)

  이 법률에 정해진 알코올 농도를 초과하면서 각 규격에 맞는 것. 현재는 법적 구속력이 없음.

- Sur lie(쉬르 리)

  프 발효탱크에서 바로 주병되는 와인에 쓰이는 용어. 즉, 발효가 끝나고 가라앉은 찌꺼기 위에서 숙성시킨 와인으로 이들은 특수한 향을 얻게 됨. 뮈스카데(Muscadet)와 샴페인에서 많이 사용함.

🍷 Surface soil(서페이스 소일)
　　표층토.

[T]

🍷 Table wine(테이블 와인)
　　식탁용 와인 혹은 고급와인이 아닌 값싼 와인을 가리키는 말로도 사용됨.

🍷 Tablier(타블리에)
　　프 소믈리에가 사용하는 앞치마.

🍷 Tartrate(타르트레이트)
　　주석. 주석산과 칼슘이나 칼륨이 결합하여 생긴 결정체.

🍷 Tartaric acid(타르타릭 에시드)
　　주석산. 포도에만 있는 유기산의 일종.

🍷 Tastevin(타스트뱅)
　　프 소믈리에가 사용하는 은으로 만든 컵.

🍷 Tear(티어)
　　= Leg.

🍷 Tenuta(테누타)
　　이 소유지 혹은 영지의 뜻으로 포도밭.

● Terra rossa(테라 로사)

적색 점토와 같은 퇴적 토양으로 탄산이 석회석에서 추출된 후 가라앉은 퇴적암. = Red earth.

● Tinto(틴토)

스 포 붉은(색).

● Tire-bouchon(티르 부숑)

프 코르크스크루.

● Topping(토핑)

나무통에서 숙성 중인 와인은 그 양이 조금씩 감소하기 때문에, 정기적으로 빈 공간을 동일한 와인으로 가득 채워주는 작업.

● Traube(트라우베)

독 포도.

● Treading(트리딩)

스페인이나 포르투갈에서 포도를 밟아서 으깨는 작업.

● Trie(트리)

프 선별, 선택의 뜻으로 잘 익은 포도만 골라서 수확하는 일. 보트리티스 곰팡이가 낀 포도의 수확은 이렇게 함.

● Trocken(트로켄)

독 드라이.

[U]

- Ullage(얼리쥐)

  = Head space.

- Uva(우바)

  이 포도.

[V]

- Variety(버라이어티)

  품종.

- Vat(벳)

  와인이나 일반주류의 발효 및 저장용 단위탱크.

- Vecchio(베키오)

  이 오래 된.

- Velho(벨류)

  포 오래 된. 레드와인은 3년, 화이트와인은 2년 이상 숙성시킨 오래된 것.

- Vendange(방당주)

  프 포도수확. 수확년도의 뜻은 아님.

- Vendemmia(벤뎀미아)

이 수확, 수확년도.

- Vendimia(벤디미아)

  스 수확, 수확년도.

- Veraison(베레종)

  프 포도가 익어서 알맹이의 색깔이 변하는 것.

- Verre(베르)

  프 글라스.

- Viejo(비에호)

  스 오래된.

- Vieux(비유)

  프 오래 된. 여성형은 Vieille(비에이유).

- Vigna(비냐)

  이 포도밭. = Vigneto.

- Vignaiolo(비냐욜로)

  이 포도재배자. = Viticoltore

- Vigne(비뉴)

  프 포도나무.

- Vigneron(비뉴롱)

  프 포도를 재배하는 사람.

🍷 Vignoble(비뇨블)
> 프 포도밭.

🍷 Villa(빌라)
> 이 장원. 영지.

🍷 Vin(뱅)
> 프 와인.

🍷 Vin Blanc(뱅 블랑)
> 프 화이트와인.

🍷 Vin de garde(뱅 드 가르드)
> 프 오래될수록 좋아지는 와인.

🍷 Vin de goutte(뱅 드 구트)
> 프 자연적으로 유출된 머스트(must)로 만든 와인.

🍷 Vin de press(뱅 드 프레스)
> 프 압착하여 나온 머스트(must)로 만든 와인.

🍷 Vin gris(뱅 그리)
> 프 적포도를 살짝 압착시켜서 나온 주스로 만든 약한 핑크빛 와인.

🍷 Vin liquoreux(뱅 리코뢰)
> 프 보통 보트리티스 곰팡이 영향을 받은 포도로 만든 달콤하고 시럽과 같은 화이트와인.

🍷 Vina(비냐)

스 포도밭.

▼ Vine(비네)

프 와인이나 머스트에 알코올을 붓는 즉 강화의 뜻.

▼ Vine(바인)

포도나무.

▼ Vineyard(빈야드)

포도밭.

▼ Vinha(비냐)

포 포도밭.

▼ Vinho(비뉴)

포 와인.

▼ Vinho de Consumo(비뉴 드 콩수모)

포 테이블 와인.

▼ Vinho Espumante(비뉴 에스푸만트)

포 샴페인 방식의 스파클링와인.

▼ Vinho Espumoso(비뉴 에스푸모소)

포 인위적으로 만든 스파클링와인.

▼ Viniculture(비니컬쳐, 비니킬티르)

포도재배. = Viticulture.

🍷 Vinification(비니피케이션, 비니피카시옹)

　　와인양조.

🍷 Vino(비노)

　　이 스 　와인.

🍷 Vino Bianco(비노 비안코)

　　이 화이트와인.

🍷 Vino Corriente(비노 코리엔테)

　　스 테이블 와인.

🍷 Vino da Arrosto(비노 다 아로스토)

　　이 가열한 와인이란 뜻이지만, 색깔이 진한 풀 바디 와인을 말함.

🍷 Vino da Pasto(비노 다 파스토)

　　이 평범한 식탁용 와인.

🍷 Vino Liquoroso(비노 리쿼로소)

　　이 강화 와인.

🍷 Vino Novello(비노 노벨로 = Vino Giovane)

　　이 햇 와인으로 보졸레 누보와 같은 개념의 와인. 11월 6일부터 판매. 산조
베제, 네비올로, 바르베라, 돌체토로 만듦.

🍷 Vino Rosato(비노 로사토)

　　이 로제.

🍷 Vino Rosso(비노 로소)

이 레드와인.

❦ Vin(o) Santo(비노 산토)

이 영어로 'Holy wine' 이란 뜻으로 미사에 쓰던 것. 이 와인은 말바시아, 트레비아노를 사용해서 만드는데, 포도를 나무에 오래 매달아 놓거나 건조시켜서 건포도와 같이 쭈글쭈글해진 다음에 압착하여 통에 가득 채우지 않고 밀봉시켜서 발효, 숙성시킨 것. 보통 통에 넣어서 2년에서 6년 이상 두는데 만드는 사람에 따라서 다양한 타입이 나옴.

❦ Vintage(빈티지)

포도수확, 수확년도.

❦ Vite(비테)

이 포도나무.

❦ Viticulteur(비티킬퇴르)

프 포도재배자.

❦ Viticulture(비티컬쳐)

포도재배 = Viniculture.

❦ Vitigno(비티뇨)

이 포도품종.

[W]

❦ Weathering(웨더링)

풍화작용.

🍷 Wein(바인)
　　독 와인.

🍷 Weinberg(바인베르크)
　　독 포도밭.

🍷 Weingut(바인구트)
　　독 포도밭 혹은 제조회사.

🍷 Weinkellerei(바인켈러라이)
　　독 와인 만드는 곳.

🍷 Weisswein(바이스바인)
　　독 화이트와인.

🍷 Winzer(빈처)
　　독 포도재배자.

🍷 Wild yeast(와일드 이스트)
　　야생효모, 포도껍질에 묻어있거나 흙, 공기 중에 분포되어 있음.

🍷 Wine maker(와인 메이커)
　　와인을 제조하는 사람.

🍷 Winery(와이너리)
　　와인을 제조하는 곳.

와인소믈리에

인 쇄	2014년 07월 15일
발 행	2014년 07월 22일
감수자	서 한 정
편저자	김 준 철 · 문 승 환 · 전 인 호
발행인	김 미 아
발행처	圖書出版 漢樹
주 소	서울시 성동구 행당동 286-64
전 화	02-2281-8013
팩 스	02-2281-0668
신고번호	제303-2003-000031호